9월, 도쿄의 거리에서

 카이로스총서37

9월, 도쿄의 거리에서

九月, 東京の路上で

지은이 가토 나오키
옮긴이 서울리다리티

펴낸이 조정환
책임운영 신은주
편집부 김정연
홍보 김하은
표지 · 장표지 켄짱
프리뷰 김영철 · 이미경 · 이종호 · 표광소

표지 사진 이마이 히토시
본문 사진 yekava roboto
지도 시나다 미키
협력 〈민족차별에 대한 항의행동 · 알리고파 대〉

펴낸곳 도서출판 갈무리 등록일 1994. 3. 3. 등록번호 제17-0161호
초판 1쇄 2015년 9월 1일
초판 2쇄 2015년 10월 15일

종이 화인페이퍼 출력 경운출력 인쇄 예원프린팅
라미네이팅 금성산업 제본 일진제책

주소 서울 마포구 서교동 375-13호 성지빌딩 101호 [동교로 22길 29]
전화 02-325-1485 팩스 02-325-1407
website http://galmuri.co.kr e-mail galmuri94@gmail.com

ISBN 978-89-6195-094-7 04910 / 978-89-86114-63-8(세트)
도서분류 1. 역사 2. 역사학 3. 역사비평 4. 일본사 5. 일본근현대사 6. 한국근현대사
7. 아시아사 8. 동아시아사 9. 사회문제 10. 사회사 11. 문학

값 19,000원

이 도서의 국립중앙도서관 출판예정도서목록(CIP)은 서지정보유통지원시스템 홈페이지(http://seoji.nl.go.kr)와 국가
자료공동목록시스템(http://www.nl.go.kr/kolisnet)에서 이용하실 수 있습니다. (CIP제어번호 : CIP2015021177)

구월, 도쿄의 거리에서

九月, 東京の路上で

1923년 간토대지진 대량학살의 잔향

가토 나오키
加藤直樹
지음

서울리다리티
Seoulidarity
옮김

이 책은 〈민족 차별에 대한 항의 행동·알리고파 대(隊)〉(民族差別への抗議行動·知ら ん隊)가 운영하는 블로그 「9월, 도쿄의 거리에서」(http://tokyo1923-2013.blogspot.jp) 를 전면적으로 가필 수정한 것이다.

인용된 문헌 내에 '선인,' '불령선인' 등 현재의 관점에서는 부적절한 표현들이 포함되어 있지만 역사적 자료인 경우 수정 없이 실었다.

역사적 증언이나 자료 등은 될 수 있는 한 현대 표기로 바꿨지만 일부는 원문 그대로 표 기했다. 한자로 표기된 숫자는 아라비아숫자로 표기했다.

참고문헌은 각주에서 간략하게 표시했다. 상세한 서지 정보는 책의 말미에 수록된 참고 문헌 일람에 실려 있다.

:: 옮긴이 일러두기

1. 이 책은 加藤直樹, 『九月, 東京の路上で : 1923年 関東大震災 ジェノサイドの残響』, (ころから, 2014年)을 완역한 것이다.

2. 원문에 쓰인 표현에 따라 한반도에서 일본으로 건너가 세대를 이어 거주하고 있는 사람들을 "재일 한국·조선인" 혹은 "자이니치(재일) 코리안"으로 지칭한다. 역사적·법적· 문화적으로 복잡한 문제가 이 명칭을 둘러싸고 있지만 간단히 설명하자면 재일 한국인 은 1965년 한일수교 이후 일본에서 법적으로 인정받아 한국 국적으로 등록을 한 사람 을 말한다. 반면 재일 조선인은 그러한 수속을 하지 않은 사람들이며 이 경우 개인은 국 가가 아닌 지역으로서의 '조선'에 적을 둔다. 조선에 적을 둔 재일 조선인이 조선민주주 의인민공화국, 즉 북한이나 그와 연관된 정치체인 조총련(재일본 조선인 총연합회)을 지 지한다는 편견이 있지만 그렇게 단순화하기는 어렵다.

3. 번역에서 과거 사건을 재현하는 서술 방식에 대해
1) 과거 사건에 대한 서술에서 일부 시제가 현재형으로 되어 있는 부분이 있다. 90년 전 의 일을 재현하려고 하는 원문의 의도를 살려 그대로 번역했다. 본문 내에 폭력적인 표 현들이 나오므로 감수성이 예민하신 분들은 주의하실 것을 미리 당부 드린다.
2) 지역 출신의 사투리 혹은 당시 조선 사람들의 서툰 일본어 말투도 원문의 특징을 살 리는 방향으로 번역을 했다. 지진 당시 학살은 일본말을 능숙하게 구사하지 못하거나 사 투리를 사용하는 사람들을 색출하는 방식으로 일어나기도 했다. 원서는 현장감을 살리 기 위해 그러한 목소리의 차이를 재현하고 있으며, 본 번역에서도 원서의 취지를 반영하 고자 노력했다. 이는 방언이나 사투리에 대한 편견이나 차별을 재생산하기 위한 것이 아 님을 적어 두고자 한다.

4. 인명을 비롯한 고유명사의 표기법
1) 일본어 한글 표기는 문교부에서 정한 〈일본어의 가나와 한글 대조표〉에 따랐다.
2) 본문에 등장하는 인명과 지명의 경우 원칙적으로 한자 등의 원어를 병기하지 않았으 며 찾아보기에 모두 병기하였다. 다만 내용 이해를 위해 필요한 경우에 한해 원어를 병

기하였다.

3) 일본의 지명의 경우 시, 군 단위와 같은 큰 행정구역은 한문 발음으로 행정단위를 표시하였다. 예 : 도쿄 도, 가나가와 현, 요코하마 시

4) 정(町, 경우에 따라 면 혹은 동에 해당), 촌(村, 경우에 따라 면 혹은 리에 해당) 등 작은 구역의 경우 행정구역의 단위가 고유명사의 일부로 쓰이는 경우가 많은 것을 감안해서 현지에서 불리는 고유명사를 사용하였다.

· 정의 경우(정은 '마치' 또는 '초'로 불리기도 한다) 예 : 스나마치, 요코아미초, 가미자토마치

· 촌의 경우(촌은 '무라'로 불린다) 예 : 진보하라무라, 고다이라무라

5) 이 책에 자주 나오는 다리와 강의 경우 현지에서 불리는 이름대로 음역한 후 다리 혹은 강으로 표기하였다. (다리 이름에 철교가 들어가 있는 경우에는 철교라고 표기했다.)
예 : 에이다이바시 다리, 아라카와 강, 다마가와 강

6) 길, 절 등 기타 고유명사에 대해서는 음역한 후 맥락에서 절이나 길임이 분명치 않을 경우에 절이나 길임을 표시하였다.

· 길의 경우 예 : 고슈카이도, 이쓰카이치카이도

· 절의 경우 예 : 유코쿠지, 라칸지

7) 중국어 이름의 경우 한문 발음으로 표기하였다.

5. 부호 표기 원칙

1) 단행본, 전집, 정기간행물, 보고서 등에는 겹낫표(『 』)를, 논문, 논설, 기고문 등에는 홑낫표(「 」)를 사용하였다.

2) 단체(위원회), 회사, 학회, 협회, 연구소, 재단, 프로젝트, 법률, 조약 및 협약에는 가랑이표 (〈 〉)를 사용하였다. 정부 부처임을 쉽게 알 수 있는 고유명사에는 가랑이표를 사용하지 않았다.

3) 비석, 행사 등의 이름에는 【 】을 사용하였다.

6. 주석 표기 원칙

1) 지은이 주석과 옮긴이 주석은 같은 일련번호를 가지며 옮긴이 주석에는 [옮긴이]라고 표시하였다.

2) 본문 각주에 일본어 문헌의 서지 정보는 출판사 이름을 제외하고 저자명, 문헌 제목 등은 한국어로 번역하여 적었다.

3) 서지 정보 원문은 이 책 269쪽~278쪽에 수록된 참고문헌 일람에서 모두 볼 수 있다.

조선인 무수히 피살되어

피가 백 리까지 이어진다

나는 분노하여 바라본다, 어찌 이 지독한 참혹

하기와라 사쿠타로

간토대지진이 일어났을 때, 시인 하기와라 사쿠타로는 군마 현에 살고 있었다. 그가 살던 지역에서, 유언비어를 믿은 자경단이 17명의 조선인을 살해한 이른바 후지오카 사건이 일어난다. 그는 이 사건에 대한 분노를 이 시에 담아 지진이 일어난 다음 해에 발표했다. (「요즘 생각하는 것」, 『하기와라 사쿠타로 전집 제3권』, 筑摩書房, 1977年.)

이 책에서 저는 1923년 9월 도쿄와 그 주변 각지에서 일어난 조선인 학살의 '현장'을 그렸습니다. 간토대지진 직후 '조선인들이 습격해 온다'는 유언비어에 길을 잃어버린 민중과 군대가 무수한 조선인들을 무차별로 살해했습니다.

도대체 얼마나 많은 조선인이 살해당했는지 지금까지 그 정확한 숫자조차 밝혀지지 않았습니다. 당시 일본 정부가 전모를 밝히려는 시도를 하지 않았을 뿐만 아니라 오히려 사실을 축소하고 은폐하려 했기 때문입니다. 다양한 기록과 역사 자료로 추정컨대 아마도 수천 명의 조선인이 살해되었으리라 짐작할 뿐입니다.

알려지지 않은 것은 숫자만이 아닙니다. 피해자의 이름 또한 대부분 불분명합니다. 그 사람들은 단지 조선인이라는 이유만으로 도쿄의 거리에서 살해되고 말았습니다. 그 이름조차 알려지지 않은 채.

저는 도쿄에서 태어나고 자랐습니다. 소학교에도 중학교에도 같은 반 교실에는 김 군이나 고 상 등, 재일 한국·조선인 친구들이 있었습니다. 오늘날 도쿄는 더욱 다양한 민족이 살고 있는 도시가 되었습니다.

간토대지진이라는 참극은 다민족 도시 도쿄가 결코 잊어서는 안 될, 거듭 되돌아보고 상기해야만 하는 과오의 원점이라고 저는 생각합니다. 이 책을 쓴 이유는 바로 이 원점, 정부가 은폐하려 하고 사람들 또한 잊어버리고 싶어 한 이 사건의 기억을 되살리기 위해서입니다.

또 저에게는, 이름 없이 살해된 사람들의 '얼굴'을 다만 조금이라도 되살리고 싶다는 간절한 마음이 있었습니다. 역사적인 분석이나 해설을 시도하는 대신 증언이나 역사 자료 속에 잠겨 있던 '현장들'을 최대한 불러내려 한 것. 그렇게 그 현장들을 여기 다시 되살리는 기술 방식을 선택한 것은 살해된 사람들 한 사람 한 사람을 개성과 이름을 가진 사람으로 상기시키고 어떻게든 그 모습을 불러내기 위해서였습니다.

'수천 명'의 조선인. 그들은 한 사람도 빠짐없이 이름을 가지고 있었습니다. 그들 모두가 누군가에게는 특별한 누구였습니다. 누군가의 아들딸이었고, 아내이며 남편이고 동료였습니다. 그렇게 이어지는 인연의 끈, 그 끈의 끝을 잡은 사람들 중에는 당연히 일본인들도 있었습니다. 일본인 여성과 결혼한 남성. 일본인과 함께 공부한 학생. 일본인 오야가타(우두머리)와 일한 장인(인부). 그런 사람들, 그처럼 누군가에게 소중한 누구인 그들, 즉 이웃들을 평범한 사람들이 단지 조선인이라는 이유로 살해했다는 것. 그것이 그때 도쿄의 거리에서 일어난 일의 의미입니다. 저는 그 순간을 수많은 민족들이 함께 살아가는 도시, 도쿄의 기억으로 되살려 내고 공유하고 싶었습니다.

당시 일본의 민중이 조선의 민중을 살해한 배경에는 식민지 지배가 불러온 근본적인 앎의 왜곡이 있었다는 점도 지적해 두고 싶습니다. 그러한 인지상의 왜곡은 '얼굴'을 가진 존재 사이의 만남이 아니라 차별을 바탕으로 하는 살해로 귀결되었습니다. 그러한 왜곡을 극복하고자 하는 의미에서도 저는 그 사건을 '얼굴'을 가진 사람들의 현장으로 재현하고 싶었던 것입니다.

당시 객지에서 이유 없이 살해된 사람들의 면면을 그들의 조국에 사는 사람들에게 전달하는 것. 그것이 이 책의 한국어 출판이 갖는 의미가 아닌가 싶습니다. 이로써 이 책의 임무는 일단 마무리되었다고 말할 수 있을 것 같습니다. 1923년 9월의 도쿄 거리에서 일어난 일, 거기서 살다가 살해된 사람들의 기억을 공유하는 데 이 책이 도움이 된다면 참으로 다행이라고 생각합니다. 그리고 도쿄와 일본 그리고 한국에 사는 사람들이 식민지 지배가 낳은 왜곡을 넘어서 새로운 시대를 만들어 가는 데 조금이라도 도움이 되었으면 합니다.

2015년 7월
가토 나오키

신오쿠보의 거리에서

간토대지진이 일어난 지 90년이 되던 해인 2013년, 나는 도쿄 신오쿠보의 거리에서 많은 시간을 보냈다.

그 일 년 전부터 신오쿠보에서 〈재특회(재일특권을 허용하지 않는 시민의 모임)〉 등 민족차별주의자(인종주의자) 단체가 "한국인을 쫓아내라", "좋은 한국인도 나쁜 한국인도 모두 죽여라"라는 등의 문구가 쓰인 현수막을 들고 데모를 했던 것은, 그에 대한 항의 행동과 더불어 독자들의 기억에도 생생할 것이다.

인종주의자들은 한국인들이 가게를 열고 생활을 하는 공간에서 증오 언설hate speech을 퍼뜨리며 데모를 반복했다. 골목을 행진하며 한국인 점원이나 한류 팬 손님에게 "진드기, 쓰레기, 구더기" 등과 같은 욕설을 퍼붓고 이를 '산책'이라 일컬었다.

이러한 야비함은 여러 사람들에게 충격을 안겨 주었고, 2013년 2월 이후 혐한 데모가 열릴 때마다 수많은 사람들이 신오쿠보로 달려와 이에 항의하게 되었다. 이러한 항의 운동이 다시 여론과 행정을 움직여 그해 7월 이후 신오쿠보에서 인종주의자들이 버젓이 데모를 할 수는 없게 되었다.

나 또한 이 항의 행동에 참가하기 위해서 거의 매주 신오쿠보의 거리로 향했다.

나는 신오쿠보에서 태어나 자랐다. 지금 신오쿠보 거리의 풍경은 1970년대와 사뭇 다르지만, 나는 여전히 이곳을 고향으로 느낀다. 신오쿠보는 원래부터 자이니치 코리안(재일 한국·조선인)이 다른 지역보다 많은 동네였을 뿐만 아니라 신주쿠에 가깝다는 이유에서도 다양한 사람들이 살아가는 거리였다. 그곳에 우르르 몰려와 주민에게 욕설을 퍼붓고 장사를 방해하는 자들, '일본인'과 '외부인'이라는 선을 긋고는 "신오쿠보를 일본인의 손으로 되찾자"는 식의 유치한 논리를 펼치며 우쭐대는 자들에게 나는 분노를 느꼈다.

3월 이후, 나는 혐한 데모에 대한 항의 행동에 매번 참가했다. 혐한 데모 부대가 나타나는 도로에 많은 사람들과 함께 서서 현수막을 들고 전단지를 뿌렸다.

증오 언설 데모를 실제로 보게 되면 말로 듣는 것보다 훨씬 더 추악한 광경에 놀라게 된다. 진군나팔 소리와 함께 시작되는 연출. "쳐 죽여라"라든가 "내쫓아라"라는 구호의 합창. 데모에 참가한 사람 수에 비해 지나치게 많은 일장기와 욱일기. 일본군 복장을 따라 입은 사람들. 일장기를 망토처럼 몸에 휘감고, 프로레슬링 선수처럼 가면을 쓴 남자. 한류 가게를 방문한 여성들에게 욕을 퍼붓는 자들. 두말할 나위 없이 용서할 수 없는 일이지만 동시에 허탈감을 자아낼 만큼 어처구니없는 광경이기도 했다.

그러던 어느 날 나는 그들의 현수막 가운데서 "불령선인"不逞鮮 人이라는 글자를 보았다. 1923년 간토대지진 당시의 조선인 학살이 떠올라 오싹했다. 그 거리에서 인종주의자들이 외치는 "죽여라"라는 함성이 90년 전 도쿄의 거리에 울려 퍼졌던 "죽여라"라는 외침과 공명하고 있었다.

1923년(다이쇼 12년)의 간토대지진은 10만 명 이상의 사상자를 낸 대참사였지만, 이를 더욱 처참하게 만든 것은 '조선인이 방화를 하고 있다'거나 '조선인이 우물에 독을 탔다'는 등의 헛소문을 진짜라고 받아들인 사람들이 칼이나 죽창 등을 쥐고 저지른 조선인(덧붙여 중국인)에 대한 무차별 학살이었다. 행정 당국이나 군조차 이러한 유언비어를 사실로 받아들여 퍼뜨렸고, 때로는 학살에 가담하기까지 했다. 그 당시 도쿄는, 1990년대의 유고슬라비아나 르완다와 같은 대량학살의 도시였다.

민족 차별 혹은 인종주의에서 비롯된 유언비어에 선동되어 평범한 사람들이 학살에 손을 담근 과거를 갖고 있는 도시. 언제 다시 대지진이 찾아와도 이상할 것이 없는 도시. 그곳에 90년 전과 똑같은 모습으로 '조선인을 몰살하라'는 외침이 백주 대낮에 울려 퍼지고 있다. 이는 너무나도 곤란한 사태가 아닐까.

"우리 할머니께서 말씀하셨죠. '일본인은 돌변한단다. 그래서 무섭다'라고."

예전에 어느 자이니치 코리안 여성이 한 말이 머리를 스쳐 갔다.

간토대지진은 과거의 이야기가 아니다. 지금 현재와 직결되어 있으며 미래로 이어져 있다. 다급한 마음에 나는 거리에서 함께 행동한 동료들을 모았다. 90년 전 학살이 벌어진 도쿄 각지를 방문해 사진을 찍고 당시의 증언과 기록을 바탕으로 그곳에서 일어난 일들을 소개하는 블로그를 개설하기로 했다. 2013년 9월에만 일시적으로 운영하며 글을 올리겠다는 취지로 만든 블로그였지만, 인종주의가 고개를 치켜드는 작금의 풍조에 위기의식을 느낀 많은 이들이 공감하고 지지해 주었다.

이 책은 그렇게 만들어진 블로그를 바탕으로 글을 덧붙이고 정리한 것으로, 간토대지진 당시의 조선인 학살이라는 역사적 대사건의 전체상을 '해설'하기 위한 것은 아니다. 독자들이 큰 흐름을 파악하는 데 도움이 되도록 최소한의 설명만 넣었을 뿐, 당시 정치가들의 동향이나 이후 역사학계에서 벌어진 논쟁 등은 거의 손대지 않았다. 이 책의 목적은 90년 전 도쿄의 거리에서 다양한 사람들이 경험했던 현실을 '느끼는' 것이다. 주요 사건들을 총망라한 것도 아니고 가장 잔혹한 사례들을 모은 것도 아님을 이해해 주길 바란다.

신오쿠보가 10여 년에 걸쳐 크게 변화했듯이, 도쿄의 거리에서 90년 전의 모습을 찾아내기란 어렵다. 하지만 그 학살의 '잔향'殘響 1은 거리에도 사람들의 마음속에도 여전히 남아 계속해서 울려 퍼지고 있다. 90년 전의 그 거리를 찾아가는 것은 지금까지 계속 울리고 있는 잔향에 귀 기울이는 행위이기도 하다.

---

1. [옮긴이] 잔향(殘響)은 소리를 일으킨 물체가 진동을 그친 뒤에도 주변 사물에 반향된 소리가 남아서 계속 들리는 현상을 말한다. 이 책의 맥락에서 잔향은 현장에 울려 퍼졌던 차별 혹은 학살의 소리가 그 진동이 그친 후에도 그 곳의 거리, 공기, 땅, 바위, 건물, 그리고 사람들 속에 남아 계속 울리고 있는 것을 의미한다.

차례

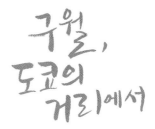

구월,
도쿄의
거리에서

구월,
도쿄의
거리에서

1904년 러일전쟁 발발 (~ 05년)
1910년 일제 강점기 시작 · 대역사건
1912년 메이지 천황 사망
1914년 1차 세계대전 (~ 18년)
1917년 러시아 혁명
1918년 일본의 시베리아 간섭 시작 (3장 각주 30번 참조)
1919년 3 · 1 독립운동
1922년 시베리아 간섭 종료

1923년 9월	
간토대지진 주요 사건 연표	이 책에서 다룬 사건 연표
1일 토요일	
오전 11시 58분 / 간토 남부에서 대지진 발생 오후 3시 / 경시청에서 최초로 '조선인 방화' 유언비어를 확인 [오후부터 '조선인 폭동' 유언비어 확산. 밤에는 일부 지역에서 학살 시작]	우라베 마사오, 가족과 함께 거리를 헤매기 시작 → 30쪽
2일 일요일	
[유언비어 확산. 각지에서 자경단 결성. 자경단 및 군에 의한 조선인 학살 확산] 사이타마 현 당국, '불령선인' 경계를 호소하는 통첩을 현내 행정 기관에 보냄.	새벽 / 시나가와 경찰서에서 전석필 등 보호 → 36쪽 오전 5시 / 구 요쓰기바시 다리에서 조인승이 시체 더미를 목격 → 41쪽 점심 무렵 / 가구라자카 경찰서 앞에서 나카지마 겐조가 폭도에 의한 살인 목격 → 45쪽 오후 2시 / 가메이도 역에서 엣추야 리이치 소속 기병연대가 '열차 검문' 실시 → 55쪽

오후 4시 혹은 6시 / 도쿄 시와 도쿄 부 5군에 계엄령 시행

오후 5시 / 경시청이 각 경찰서에 '불령자 단속'을 지시
밤 / 야마모토 곤노효에 내각 발족

오후 / 경시청 쇼리키 마쓰타로가 '조선인 폭동'을 사실로 확신 → 49쪽
오후 8시 / 지토세 가라스야마에서 공사장으로 향하는 트럭 피습 홍기백 사망 → 59쪽
밤 / 센다가야에서 이토 구니오(훗날 센다 코레야)가 조선인으로 오인됨 → 169쪽
밤 / 후카가와 구에서 정치요 일가가 협박을 받음 → 161쪽

3일 월요일

도쿄 부 전역 및 가나가와 현까지 계엄령 확대
혐의가 없는 조선인은 보호하되, '수상한' 조선인은 경찰이나 헌병이 적당히 처분하라는 정부의 지침이 내려짐
내무성 경보국장의 이름으로 전국에 '조선인 방화' 전보 회람
(문서는 전날 작성됨)
내무성 경보국이 각 신문사에 조선인 관련 기사를 금지하는 경고를 보냄.

오전 / 우에노 공원에서 은행원 소메카와 란센이 조선인 집단 폭행 목격 → 70쪽
오후 3시 / 히가시오지마 군대와 사람들에 의한 300명 이상의 중국인 노동자 학살 → 79쪽
오후 4시 / 에이다이바시 다리에서 30명 혹은 32명의 조선인 학살 → 83쪽

4일 화요일

계엄령이 사이타미 헌, 지바 현으로 확대됨
조선인을 나라시노 수용소에 수용하기로 결정.

오전 2시 / 아라카와 철교에서 신창범 등이 자경단에 피습 → 88쪽
아침 / 가메이도 경찰서 옥중에 있던 전호암이 노동조합 동료들이 살해당한 사실을 알게 됨(가메이도 사건. 조선인 희생자 50~60명으로 추정 → 92쪽
저녁 / 조조지 절의 산문 앞에서 오리구치 시노부가 자경단에게 포위당함 → 196쪽
밤 / 구마가야에서 40~80명의 조선인 학살 → 108쪽

	밤(일시 불분명) / 후나바시 시 마루야마 마을 사람들이 이웃 마을 자경단에 맞서 조선인을 지킴 → 180쪽
5일 수요일	
야마모토 곤노효에 수상이 조선인 박해에 대한 '자중'을 촉구하는 내각고유 발표	오후 4시 반 / 구 라칸지(니시오지마)에서 16명의 조선인이 살해당하는 것을 우라베 마사오가 목격 → 116쪽
6일 목요일	
계엄사령부가 조선인에 대한 '난폭한 대우'를 '절대 삼가하라'라는 주의를 발표 → 127쪽	오전 2시 / 요리이 경찰분서에서 구학영이 군중에게 학살됨 → 122쪽
7일 금요일	
출판 및 통신을 포함한 모든 유언비어를 처벌한다는 긴급 칙령(치안 유지령)을 발포 [이 무렵부터 조선인에 대한 폭행 및 학살이 수습 국면으로 접어듦]	
8일 토요일	
	지바 현 야치요 시 마을 사람들이 군으로부터 넘겨받은 조선인을 살해 → 175쪽
9일 일요일	
	이성구가 이케부쿠로 부근에서 청년들에게 폭행당함 → 133쪽
12일 수요일	
	새벽 / 사카사이바시 다리에서 왕희천이 군에게 피살당함 → 144쪽
16일 이후	
16일 / 아나키스트 오스기 사카에, 이	

토 노에, 오스기의 6살 사촌 다치바나 소이치가 헌병에게 학살당함

9월 말 / 자경단이 저지른 살상 및 소요 사건에 대한 입건 시작

10월 20일 / 조선인 문제에 대한 보도 금지 해제

10월 28일 / 조조지 절에서【조선동포 추도법요】가 열림. 정연규가 추도사 낭독을 강행 → 227쪽

10월 말 / 나라시노 수용소에서의 수용 종료

11월 15일 / 계엄령 해제

12월 14일 / 국회에서 다부치 도요키치가 조선인 학살에 대한 정부의 사죄를 촉구 → 207쪽

12월 27일 / 도라노몬 사건 (사회주의자 난바 다이스케가 그간의 권력 탄압 및 학살에 대한 복수로 황태자였던 히로히토를 저격했으나 실패. 쇼리키 마쓰타로 경무부장 면직)

1925년 치안유지법 공포
1926년 다이쇼 천황 사망
1928년 제1회 '보통선거' (25세 이상 남성에게 투표권이 주어짐)
1929년 세계공황
1931년 만주사변
1933년 일본 국제연맹 탈퇴
1936년 2·26사건 [천황이 직접 국권을 장악하면 자본, 정치가, 관료의 부패를 척결할 수 있다고 믿은 극우 장교들이 수상 등의 암살을 시도, 한때 도쿄 중심부를 점령함. 주모자들은 반란죄로 처형되었음 — 옮긴이]
1937년 중일전쟁 돌입 (루거우차오 사건)

1938년 국민총동원법 공포
1939년 노먼한 사건 [전쟁 포고 없이 몽
고와 만주국 사이에서 벌어진 전투가
일본군과 소련군 사이의 대규모 전투로
확대된 사건. 일본이 대패함. ─ 옮긴이]
1939년 2차 세계대전 발발
1941년 태평양전쟁 개전
1945년 2차 세계대전 종전
1948년 대한민국, 조선민주주의인민공
화국 건국

1973년 / 요코아미초 공원 내 〈간토대
지진 조선인 희생자 추도행사 실행위
원회〉에 의해 추도비 건립 → 227쪽

1996년 / 후지오카 노부카쓰, 자유주의
사관연구회 지음, 『교과서가 가르쳐주
지 않는 역사』 출간 → 180쪽

2000년 / 육상 자위대 네리마 주둔지에
서 이시하라 신타로 도쿄 도지사의 연
설. 지진 발생시 '삼국인'에 의한 소요가
날 것을 우려하며 자위대의 치안 출동
을 촉구 → 253쪽

2005년 / 허리케인 카트리나가 미국 뉴
올리언스를 직격 → 245쪽

2007년 / 〈재일특권을 허용하지 않는
시민의 모임(재특회)〉 결성

2009년 / 구 요쓰기바시 부근에【한국
조선인 순난자의 비】건립 → 227쪽

2009년 / 구도 미요코, 『간토대지진 '조
선인 학살'의 진실』 출간 → 200쪽

2012년 8월 25일 / 신오쿠보에서 사쿠라이 마코토 등이 혐한 데모를 벌임 → 236쪽

2013년 2월 ~ / 신오쿠보 인종주의자들의 집회에 맞서는 대항 행동 시작 → 11쪽

:: 이 책에 나오는 사건의 현장 지도

이 지도의 행정구역 이름 및 경계선은 현재 사용되는 명칭을 바탕으로 하고 있다.

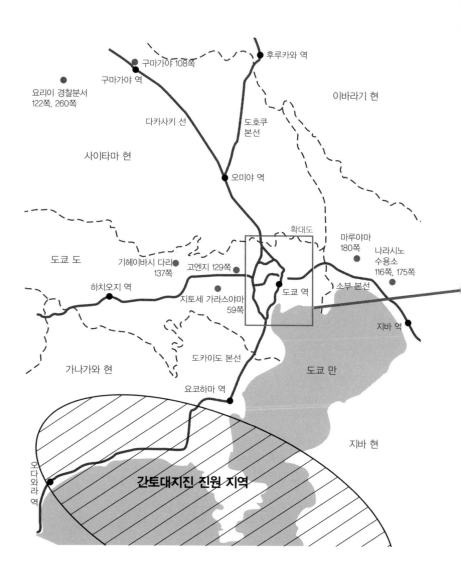

:: 1923년 간토대지진 당시의 도쿄 시 행정구획 지도

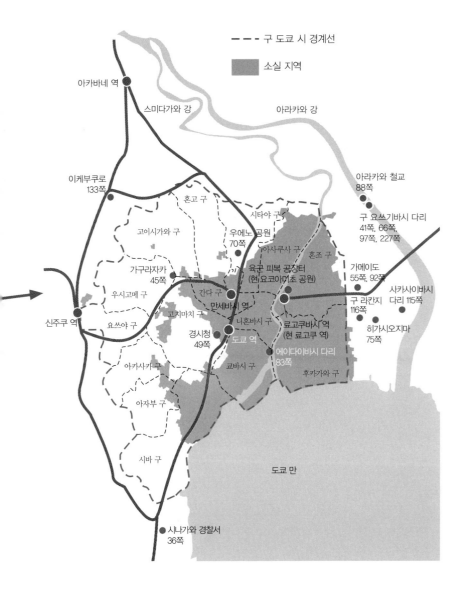

--- 구 도쿄 시 경계선

소실 지역

아카바네 역

스미다가와 강

아라카와 강

이케부쿠로
133쪽

혼고 구

시타야 구

아라카와 철교
88쪽

고이시가와 구

우에노 공원
70쪽

구 요쓰기바시 다리
41쪽, 66쪽,
97쪽, 227쪽

아사쿠사 구

혼조 구

가구라자카
45쪽

육군 피복 공창터
(현 요코아미초 공원)

가메이도
55쪽, 92쪽

우시고메 구

간다 구

만세바시 역

구 라칸지
116쪽

사카사이바시
다리 115쪽

신주쿠 역

요쓰야 구

고지마치 구

니혼바시 구

료고쿠바시 역
(현 료고쿠 역)

히가시오지마
75쪽

경시청
49쪽

도쿄 역

에이다이바시 다리
83쪽

아카사카 구

교바시 구

후카가와 구

아자부 구

시바 구

도쿄 만

시나가와 경찰서
36쪽

1장

1923년 9월,
대량학살의 거리에서

매그니튜드 7.9

그날은 토요일이었다. 동트기 전부터 많은 비가 내리더니 오전 10시쯤 비가 멈추고 잔뜩 흐린 무더운 하루가 시작되었다.

우라베 마사오는 당시 16세였다. 혼조 구 나가오카초(현 스미다 구 이시하라 4초메1)에 사는 그는 야학을 다니면서 골동품상을 하는 아버지의 일을 돕고 있었다. 그날 마사오의 가족은 점심으로 팥찰밥에 야채 조림을 먹었다. 매달 초하루에 팥찰밥을 먹는 것이 상인 가문인 집안의 관습이었다. 형은 병원에 출근하고 당시 네 살이었던 여동생은 밖에서 놀고 있었던 터라 아버지와 어머니 그리고 마사오 세 명만 밥상 앞에 앉아 있었다.

---

1. [옮긴이] 초메(丁目)는 일본의 행정구역인 '마치/초'를 더 작게 나눈 단위다. 일본어에서는 '초메' 앞에 숫자를 한자(漢字)로 쓰지만 여기서는 번역 관행에 따라 아라비아 숫자로 표기했다.

정오가 머지않은 시간이었다. 갑자기 마루가 벌떡 솟구쳐 오르더니, 양옆으로 크게 흔들리기 시작했다. "지진이야, 큰 놈이다!" 아버지가 소리쳤다. 기둥을 붙잡은 채 고개를 빼서 밖을 내다보는 순간 뒷골목의 1층짜리 연립주택 건물이 와르르 무너져 내렸다.

오전 11시 58분. 그 거대한 파괴는 불현듯 시작되었다. 최대 진도는 7, 규모(매그니튜드)는 7.9.[2] 가나가와 현의 앞바다인 사가미 만에서부터 도쿄 만, 그리고 지바 현이 있는 보소 반도까지 간토 지역 남쪽 바다를 아우르는 넓은 일대가 진원지였다. 단 몇 분간의 흔들림은 도쿄와 가나가와 인근 10만 동 이상의 가옥을 파괴했다.

새로 지은 우라베의 집은 무사했지만 그 사이 멀리서부터 불길이 쫓아오기 시작했다. 짐수레에 가재도구를 실은 아버지는, 식구들에게 긴시초 역에서 기다리겠다고 말한 뒤 집을 뛰쳐나갔다. 남은 짐을 또 한 대의 짐수레에 실은 마사오와 어머니, 여동생이 급히 아버지의 뒤를 쫓았지만 주위는 어느새 불바다가 되어 있었다. 주저앉아 염불을 외우기 시작하는 어머니의 손을 잡아끌고 여동생을 들쳐 업은 채, 마사오는 불길 속에서 탈출하려 필사적으로 이리저리 뛰었다. 아버지가 기다리고 있겠다고 한 긴시초 역은 이미 위험한 상태였다. 아버지와의 합류를 포기한 채 불길을 피해 계속 달

2. [옮긴이] 여기서의 진도(震度)는 일본 기상청이 지정한 계측법에 따라 지진의 강도를 0부터 7까지의 숫자로 표시한 것이다. 진도를 계측하는 방법은 그 밖에도 몇 가지가 있는데, 모든 계측법의 공통점은 지진이 발생시킨 진동을 각각의 지점에서 수치화한다는 것이다. 따라서 하나의 지진에서 관측되는 진도가 측정 지점에 따라 다를 수 있다. 반면, 국제적으로 일반화된, 매그니튜드라는 단위로 표시되는 릭터 규모는 진원지에서 관측되는 진동의 규모를 계측하기 때문에 하나의 지진에서는 하나의 매그니튜드만 측정된다.

린 마사오는 오후 4시쯤에야 지인이 사는 오지마마치(현 고토 구 내 위치)에 겨우 다다랐다.

불길은 가메이도에 도달하기 전에, 고토 구와 스미다 구 사이를 나누고 있는 운하인 요코짓켄가와에서 멈추었다. 덕분에 오지마 부근은 무사했다. 뒤돌아보니 혼조와 후카가와 방면은 온통 검은 연기에 휩싸여 있었다. 어디선가 불길에 휘말린 함석판이 구운 김처럼 펄렁거리며 춤추듯이 날아와 오싹한 소리를 내며 근처에 떨어지곤 했다. 날이 어두워질수록 붉게 물든 도심 쪽 하늘이 또렷이 보였다.

도심은 거의 괴멸 상태였다. 지진이 점심 무렵 일어난 탓에 화재 피해는 더 컸다. 무너진 가옥에서 새어 나온 불길이 동시다발적인 화재를 일으키며 강풍을 타고 퍼져 나갔다. 화재는 9월 3일 아침에야 완전히 진압되었다. 도쿄 시의 약 44퍼센트가 소실되었고, 요코하마의 경우 80퍼센트에 달하는 지역이 소실되었다. 도심의 광범위한 지역이 불타 허허벌판이 된 탓에 다음 날, 구단자카 언덕 위에 서면 도쿄 만이 보일 정도였다고 한다. 파괴된 가옥은 약 29만 3천 동. 사망자와 행방불명자는 10만 5천 명을 넘었다. 피해 총액은 당시 국가 예산의 3.4배에 달했다.

가장 많은 희생자를 낳은 곳은 현재 스미다 구 요코아미초 공원과 그 주변 지역이었다. 육군이 사용하는 옷가지를 만드는 공장이 이전한 후 육군 피복 공장 터라고 불리던 곳이다. 당시 공원을 조성한다는 계획으로 휑뎅그렁하게 펼쳐져 있던 이곳에 4만여 명의 사람들이 피신을 왔지만, 지진 직후 주변의 불길이 일으킨 맹렬한 '화염 선풍'이 그곳을 덮쳤다. 3만 8천 명이 불타 죽은 거대한 참사였다.

다음 날인 2일 아침, 우라베 마사오는 도심으로 향했다. 아버지와 형을 찾기 위해서였다. 여기저기 불탄 시체들이 뒹구는 폐허를 돌아다니던 그는 이상한 광경을 목격한다. 몇 명의 남자들이 한 명의 남자를 끌고 가고 있었다. 철사에 묶인 채 끌려가는 사람은 조선인이었다.

"이놈, 뻔뻔스러운 놈이야. 죽은 사람의 물건을 훔쳤어. 이걸 봐!"

남자가 내민 바구니 속에는 불탄 시계와 반지 같은 게 있었다.

이 조선인이 진짜로 그 물건들을 훔친 건지는 알 수 없다. 말해두지만 지진이 일어난 후 거리엔 시체에서 금품을 훔치는 불한당들이 분명히 있었다. 그러나 대부분은 일본인이었다.[3]

아버지와 형에 대한 걱정으로 머리가 꽉 차 있던 우라베 마사오는 그런 일에 한눈팔지 않고 다시 걷기 시작했다. 하지만 그 순간 그가 목격한 것이야말로, 말하자면 지진과 대화재에 이어 일어날 또 다른 거대한 참극의 '전조'였다.

갑작스러운 재난이 불러온 떼죽음과 파괴의 충격은 사람들의 마음속에서 갈 곳 없는 분노와 불안으로 부풀어 오르고 있었다. 통신이 두절되고 도쿄 시내 언론사 대부분이 파괴되어 정확한 정보가 유통되지 않는 와중에, 마치 눈에 보이지 않는 불안에 윤곽을

3. 야마다 쇼지(릿교 대학 명예교수)는 지진 당시 도쿄 구 재판소 관내에 보고된 절도 건수가 4천 4백여 건이었으며, 사법부의 보고를 바탕으로 보았을 때 조선인에 의한 절도로 추정되는 것은 15건, 조선인 용의자는 16명이었다고 지적하고 있다.

간토대지진 희생자를 안치한 도쿄 도 위령당. 현재 요코아미초 공원에 있다. 당시 육군 피복 공장이 이전하면서 공터였던 이곳에서 3만 8천 명이 목숨을 잃었다. 2차 세계대전 후에는 도쿄 대공습 등에서 희생된 사람들의 납골당도 이곳에 안치되었다.

그려 주듯 불길한 유언비어가 어지럽게 퍼지기 시작했다.

지진이 다시 올 거래 …… 시나가와는 쓰나미에 당했다는 군…… 수상이 암살되었다나봐…… 그중에서도 점점 크게 부풀어 오르기 시작한 것이 바로 '조선인 폭동'이라는 유언비어였다. 조선인이 각지에서 방화를 하고 있다…… 조선인이 우물에 독을 타며 돌아다닌다…… 조선인이…… 조선인이…….

유언비어는 조선인 3백 명이 어디에서 어디로 진격 중인데 몇 킬로미터만 더 오면 여기 도달한다……는 식으로 기묘한 구체성을 띠면서 이동하는 피난민들과 함께 퍼져 나갔다. '조선인 폭동'이라는 유언비어가 발생한 것은 지진이 일어난 당일 오후, 요코하마와 도쿄의 일부 지역에서였다. 저녁 무렵에 그것은 이미 여러 곳에서 실제로 일어난 조선인에 대한 박해로 귀결되었다.

이후, 우라베 마사오는 이러한 장면을 거듭 목격하게 된다.

1923년 9월 2일 일요일 새벽
시나가와 경찰서 앞 [도쿄 도 시나가와 구]

"조선인을 죽여라!"

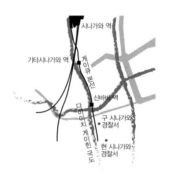

> 시나가와 경찰서는 수천 명의 군중에 둘러싸여 있었습니다. 그
> 들은 우리를 향해 늑대 떼처럼 덮쳐 왔습니다. 그때의 공포는 어
> 떤 말이나 글로도 표현할 수 없습니다.
>
> — 전석필4

9월 2일 새벽, 전석필과 일행이 마침내 시나가와 경찰서(현 미나

---

4. 조선대학교, 『간토대지진 조선인 학살의 진상과 실태』 [조선대학교는 재일본조선인
총연합회(조총련) 소속 '우리 학교'의 대학교이다. 도쿄 도 고다이라 시에 있다. — 옮
긴이]

미시나가와 1초메)에 도착했다. 그곳은 이미 군중으로 몇 겹이나 둘러싸여 있었다. 전석필은 오이마치의 가스관 부설 공사 현장에서 일하는 노동자였다. 12명의 동포들과 함께 함바에 살고 있었다.[5]

지진이 발생한 9월 1일 저녁, 오이마치 거리에는 이미 일본도나 도비구치, 톱 따위를 든 사람들이 나타나, "조선인을 죽여라"라고 소리를 지르기 시작했다.[6]

"대체 무슨 이유로 우리가 죽어야 한다는 건지, 도무지 갈피를 잡을 수가 없었습니다. 처음에 그 얘길 들었을 땐 뭐 그런 황당한 소리를 하나 싶어서 믿지도 않았어요. 그런데 밖을 내다보니 정말이었습니다. 무장한 사람들이 마치 길목을 지키듯 길가 여기저기에서 있었습니다."

얼마 지나지 않아, 친한 일본인들이 창백해진 얼굴로 숙소에 뛰어들어오며 외쳤다.

"밖으로 나가면 죽을 거야, 우리들이 어떻게든 해볼 테니 일단 가만히 있어!"

같은 날 저녁 늦은 시간엔 경찰관과 군인, 근처에 사는 열대여섯 명 정도의 일본인들이 찾아왔다.

"경찰서로 가자. 그러지 않으면 너희는 죽는다."

합숙소의 문에 못을 박은 후 전석필을 포함한 조선인 노동자들은 시나가와 경찰서로 향했다. 그들의 앞뒤를 경찰관과 병사가 지키

---

5. [옮긴이] 함바는 건설 노동자들의 합숙소를 말한다.
6. 도비구치는 2미터 정도의 자루에 매 부리 모양의 쇠갈고리를 단 도구이다. 불이 번지는 것을 막기 위해 목조 건축을 철거하는 소방 활동 등에 사용되었다.

고 옆에는 이웃들이 에워싼 채 걸었다. 큰 거리에 다다르자 지역 자경단원들이 소리를 지르며 덮쳐 왔다.

"이들은 아무런 나쁜 짓도 하지 않았다. 선량한 사람들이니까 제발 손대지 마!"

주위를 둘러싼 이웃들이 소리쳤지만, 그들을 에워싼 일본인들 사이로 죽창이 잇달아 파고들어와 머리를 내리쳤다.

"횟수로 기억할 수 없을 만큼 여러 번 공격을 받았습니다."

오이마치에서 출발한 그들이 미나미시나가와[남 시나가와 — 옮긴이]에 있는 시나가와 경찰서까지 도착하는 데 몇 시간이나 걸렸다.[7] 그곳에서도 살기등등한 사람들의 무리에 포위당했지만 곧 경찰대가 출동해서는 전석필 등 조선인 노동자를 구해 경찰서 안으로 데리고 들어갔다. 경찰서를 둘러싼 군중들의 소동은 아침까지 이어졌다.

그런 소동이 일어난 곳은 오이마치뿐이 아니었다. 『시나가와 구역사통사편』에는 지진이 일어난 다음 날인 2일, 일본도나 도비구치로 무장한 자경단이 각지에 나타났다고 기록되어 있다. 그들의 폭주는 무수한 참극을 빚었다.

오사키에서는 호시제약의 종업원으로 근무하던 김용택 외 네 명이 도비구치 등으로 마구 맞아 중상을 입었으며, 히라쓰카에서도 한 명의 조선인이 죽창과 멜대로 공격을 받아 중상을 입었다. 다

7. [옮긴이] 이들의 이동 경로를 정확히 알 수는 없으나, 현 오이마치 역에서 미나미시나가와 역까지의 거리는 1킬로미터 정도에 불과하다.

음 날인 9월 3일, 같은 장소에서 조선인 한 명이 중상을 입었다. 시나가와초에서는 지역에 거주하던 메이지 대학의 일본인 학생이 조선인으로 오해를 받고 죽창, 도비구치, 일본도로 습격을 받은 후 병원에 실려 갔지만 결국 사망에 이르렀다.

다음은 시나가와 경찰서가 기록한 일화이다.

"(9월 2일) 해 질 녘, 선인(조선인)이 폭탄을 가지고 있다는 이유로 중상을 입고 끌려옴. 조사를 해 보니, 고기 통조림과 맥주 두 병을 가지고 있었을 뿐임."

저녁 무렵 주민이 연행해 온 조선인이 가지고 있던 '폭탄'은 알고 보니 통조림과 맥주였다는 이야기다. 시나가와 경찰서와 오사키 분서는 130명에 달하는 조선인을 보호했다고 한다.

당시 댐이나 여러 건설 노동에 종사하기 위해 많은 조선인이 일본으로 건너와 있었다. 대한제국이 일본에 병합된 것은 간토대지진이 일어나기 13년 전인 1910년의 일이다. 한일병합 이후 조선총독부의 '토지조사사업'으로 인해 많은 영세농민이 경작지를 빼앗기고 소작농으로 전락했다. 한편, 일본 국내에서는 1차 세계대전으로 인한 호경기로 노동력이 부족한 상황이었다. 많은 조선인이 일거리를 찾아 일본으로 건너와서 여공이나 건설 노동자로 일하게 되었다. 내무성의 통계에 의하면 1911년 재일조선인 인구는 약 2천 5백 명 정도였고, 지진이 일어난 1923년에는 기록된 숫자만 8만 명을 넘었다. 실제로는 훨씬 많은 조선인이 일본에 있었던 것으로 여겨진다.

지진이 일어났을 당시 일본에 있었던 대부분의 조선인들은 불과 2, 3년 전에 일본에 온 사람들이었다. 1925년 야마구치 현縣 경찰이 실시한 조사에 의하면, 부산에서 시모노세키에 막 도착한 조선인의 42퍼센트는 일본어를 전혀 몰랐다고 한다. 한복을 입고 있지 않은 경우에도 그들이 조선인인지 아닌지는 어눌한 일본어로 쉽게 판단할 수 있었을 것이다.

그리하여 자경단이 통행인을 붙잡고 " '바 비 부 베 보'라고 말해 봐"라거나 "15엔 50센이라고 말해 봐"라며 조선인들이 발음하기 어려운 말을 시키고 힐문하는 광경이 각지에서 벌어졌다. 시나가와가 특별히 심한 상황이었던 것은 아니다. 같은 무렵 비슷한 사건들이 어디서나 일어났고, 훨씬 지독한 일이 일어난 지역도 있었다. 이를테면 아라카와 강에 걸쳐 있던 구 요쓰기바시 다리 부근에서 일어난 일처럼 말이다.

당시 시나가와 경찰서가 있던 곳. 지금은 이전되어 다른 곳에 있다.

1923년 9월 2일 일요일 오전 5시
아라카와·구 요쓰기바시 다리 부근 [도쿄 도 가쓰시카 구 ·스미다 구]

마치 장작더미처럼

(9월 1일) 오전 10시쯤 엄청난 비가 내렸지. 정오를 2분 앞두고서 집이 흔들거리기 시작했어. 다들 "이게 뭐지. 이게 뭐지"라며 떠들었어. 우리나라에는 지진이 없어서 몰랐거든. 아무튼 집 안에 있으면 위험할 것 같아서 아라카와 강의 제방으로 갔는데 거긴 벌써 사람들로 가득하더라고. 집들이 불타기 시작하길래 다들 요쓰기바시 다리를 건넜어. 아무튼 그날 밤에는 14명의 동포와 함께 모여 있었지. 여자도 두 명 있었고.

그런데 거기 네 명의 소방단이 나타났어.[8] 우리를 새끼줄로 줄줄이 묶더니만 "우리는 잠깐 자리를 뜨지만, 만에 하나라도 새끼줄을 끊으면 죽이겠다" 그러는 거야. 그래서 가만히 있었더니 저녁 8시쯤부턴 멀리 아라카와 역(현 야히로 역) 쪽의 제방이 소란스러워졌어. 설마 그게 조선인을 죽이고 있는 소리라고는 꿈에도 몰랐지.

다음 날 아침 5시쯤, 다시 네 명의 소방단이 와서 우리를 데리지마 경찰서로 데려갔어. 요쓰기바시 다리를 건너는데 거기서 사람들이 어떤 사람들 셋을 두들겨 패 죽이고 있더라구. 우리는 그걸 곁눈질로 보면서 다리를 건넜어. 그때 나도 발로 차이고 막 도비구치로 맞았지. 다리는 시체들로 가득했어. 제방에도 여기저기 시체들이 마치 장작더미처럼 쌓여 있었어.

— 조인승9

조인승은 당시 22세, 혹은 23세였다. 같은 해 1월 부산에서 오사카를 경유해 도쿄에 왔다. 그러니까 일본에 온 지 한 달도 채 되지 않았을 때였다.

9월 1일 저녁 이후 사람들은 큰 화재가 일어난 도심을 피해 아

---

8. [옮긴이] 이 책에 등장하는 소방단은 지방자치체가 관할하는 소방 조직이다. 정확하게는 소방조(消防組)라고 불리다가 1948년에 소방단으로 명칭이 변경되었지만, 이 책에서는 계속 소방단으로 칭하고 있다. 당시 경찰 조직 아래 상설되어 있던 소방대와는 달리 일반인으로 구성되어 있었다. 도쿄의 전신이었던 에도에는 자주 발생하던 화재에 대응하기 위해 도시 평민들이 만든 남성적인 문화의 소방조직 히케시(火消し)가 있었는데, 소방조 혹은 소방단은 그 뒤를 이었다고 할 수 있다.

9. 〈간토대지진 당시 학살당한 조선인의 유골을 발굴하고 추도하는 모임〉 엮음, 『바람이여 봉선화 노래를 실어 가라』.

라카와 강 방수로의 제방으로 밀려들었다. 고마쓰가와 경찰서는 그 수를 '약 15만 명'이라고 전하고 있다. 제방은 사람들로 가득했다. 조인승과 지인들 역시 "건물이 없는 곳이니 적어도 화재 걱정은 없겠지"라며 솥이며 쌀을 안고 아라카와 강까지 온 것이다. 어둠 속에서 도심 방면의 하늘은 섬뜩한 붉은 불길로 일렁이고 있었다.

조인승 일행이 소방단에 붙들린 것은 밤 10시쯤의 일이었다. 소방단뿐 아니라 청년단이나 중학생까지도 그들의 몸수색에 동참하여 작은 칼 하나라도 나오면 죽여 버리겠다며 그들을 위협했다. 다행히 아무것도 나오지 않았기에 소방단은 그들을 새끼줄로 묶어 두었다가 아침이 되자 데라지마 경찰서로 연행했던 것이다(101쪽 지도를 참조할 것).

조인승 일행은 동포들이 살해되는 것을 곁눈질로 훔쳐보며 경찰서에 도착했다. 물론 그곳에서도 자경단과 경찰관에 의한 조선인 살해가 벌어지고 있었다. 그들 또한 살해당할 뻔했다.

증언 속의 요쓰기바시 다리는 오늘날의 요쓰기바시 다리나 신요쓰기바시 다리가 아니라 구 요쓰기바시를 말한다. 게이세이 전철 오시아게 선의 철교와 기네가와바시 다리 사이에 있었다. 다리의 지주 부분은 철근콘크리트로 만들어져 있었지만 본체는 목조였다. 길이 247.4미터, 폭 3미터에 달하는 이 다리는 지진이 일어난 직후 피해 지역과 외부를 잇는 중요한 루트였다.

조인승의 증언을 담고 있는 『바람이여 봉선화 노래를 실어 가라』(이후 『봉선화』)는 〈간토대지진 당시 학살당한 조선인의 유골을 발굴하고 추도하는 모임〉(이후 〈추도 모임〉)이 엮은 책이다. 도

구 요쓰기바시 다리

쿄 서민 문화의 중심지 시타마치[10]를 중심으로 벌어진 조선인 학살의 증언이 여러 편 실려 있다. 그중에는 1일 밤, 피난민으로 들끓던 구 요쓰기바시 주변에서 이미 많은 조선인들이 살해되었다고 말하는 주민의 증언도 있다. 스무 명에서 서른 명의 사람들이 소총이나 칼에 의해 살해되었다는 것이다. 구 요쓰기바시에서는 그 후 며칠 동안 계속해서 학살이 일어난다.

10. [옮긴이] 서민 동네. 이 책에 등장하는 가쓰시카, 아라카와, 아사쿠사, 고토, 후카가와, 시나가와 등은 시타마치로 불린다. 도쿄에서 중산층이 사는 지역[야마노테(山の手)]과 달리 바다에 가까우며 운하나 강으로 둘러싸여 있다.

가구라자카, 한낮의 흉행

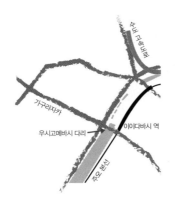

경찰서 앞에는 예사롭지 않은 수의 사람들이 무리 지어 있었다.
자동차로는 더 나아갈 수 없는 지경이라 나는 차에서 내려 사람
들 쪽으로 다가갔다. 모여 있는 사람들의 한가운데에는 두 명의
남자가 팔을 붙들린 채 이리저리 밀쳐지며 경찰서 쪽으로 끌려
가고 있었다. (중략)
갑자기 어떤 남자가 도비구치를 높이 휘두르더니 뒤에서 끌려가
던 남자의 머리를 향해 온 힘을 다해 내리꽂았다. 나는 헉하고
숨을 삼켰다. '틱'하는 둔탁한 소리와 함께 그는 비틀비틀 쓰러
졌다. 칼등이 아닌 칼끝으로 곧장 머리를 내리친 것이다. 푹하고

칼끝이 머리에 꽂힌 듯했다. 나는 엉겁결에 소리를 지르며 눈을 감아 버렸다.

이상한 것은 누구도 그 흉악한 범행을 제지하지 않는다는 점이었다. 머리에 도비구치를 맞은 그 남자를 짊어지고 경찰서 쪽으로 걸음을 재촉할 뿐이었다. 사람들은 점점 더 광란의 상태가 되어 축 늘어진 남자를 때리고 차고 날뛰다가 그를 경찰서 현관 안으로 던져 넣었다. (중략)

사람들이 돌아간 경찰서 앞에 검은 널빤지가 걸리고 큰 종이가 붙었다. "현재 도쿄 시내의 혼란을 틈타 '불령선인'不逞鮮人의 일파가 도처에서 폭동을 일으키고 있는 듯하니 시민은 엄중히 경계하시오"라는 문장이 경찰서 이름 아래 쓰여 있었다.[11] 도비구치를 정면으로 머리에 맞고 죽었거나 중상을 입었을 남자. 그가 조선인이라는 걸 나는 그제서야 알 수 있었다.

— 나카지마 겐조[12]

문예평론가인 나카지마 겐조(1903~1979)의 회상이다. 당시 스

---

11. [옮긴이] 불령선인(不逞鮮人, 일본어 발음 : 후테이센진)은 일제강점기 동안 의병 활동, 3·1 운동이라든가 노동자들의 싸움, 폭동 등을 보도할 때 언론이 반항적인 조선인에게 딱지를 붙이는 말로 자주 사용되었다. 조선총독부 관리이자 재야 민속학자였던 이마무라 도모에 의하면, 통감 이토 히로부미가 일제에 저항하는 한반도 사람들을 지칭하던 "배일선인"(排日鮮人)이라는 표현을 꺼려했기 때문에 경무국에서 만들어 낸 말이라고 한다. 今村 鞆[이마무라 도모], 『역사민속 조선만담』, 南山吟社, 1928년.

12. 나카지마 겐조, 『쇼와 시대』 [전후 자유주의적인 진보 진영에 속했던 나카지마는 프랑스 문학 번역자이자 문학자, 음악평론가로 활동했다. — 옮긴이]

무 살이었던 그는 구제 마쓰모토 고등학교의 학생이었다[13]. 도쿄 남서부 교외인 고마자와에 있는 자택은 피해가 없었기에, 친척의 안부를 확인할 겸 차를 타고 고이시가와로 향하는 도중에 이 사건을 목격했다. 가구라자카 경찰서는 현재 가구라자카시타 언덕 아래, 우시고메바시 다리 옆에 있었다.

"도비구치가 조선인처럼 보이는 남자의 머리에 내리꽂히는 순간, 나는 거의 토할 뻔했다"라고 나카지마는 회상한다. 갑자기 맞닥뜨린 충격적인 광경에 패닉을 일으킨 나카지마 일행은 서둘러 차로 돌아갔고 맹렬한 속도로 그 장소를 빠져나갔다. 니시오쿠보에 있는 친구 집에 들렀을 때 그곳은 평화로운 분위기였다. 그가 가구라자카에서 본 광경을 말했지만 친구들은 그저 웃어넘길 뿐 아무도 신경 쓰지 않았다.

그러나 바로 그날 저녁부터 '불령선인 소동'은 그가 살고 있는 고마자와에도 여파를 미쳤다. 위험을 알리는 종소리가 울리고, "조선인이 폭탄을 들고 습격해 온다!"는 사람들의 외침 소리가 거리를 흔들었다. 마을에선 자경단이 조직되었고 나카지마 본인도 단도를 손에 쥔 채 동원되었다.

"얼마 지나지 않아 세타가야 쪽에서 한 대의 군용 트럭이 천천히 다가왔다. 진짜 군대가 출동한 것이다. 트럭을 둘러싼 병사들은 대검을 총에 꽂은 채 엄숙한 표정으로 걸어오고 있었다. 이제 의심

---

13. [옮긴이] 구제 고등학교는 제국 대학 진학을 준비하는 학생들이 다닌 고등교육기관으로 오늘날의 대학 교양과정에 해당된다. 1950년에 폐지되었다.

할 여지가 없었다. 당장이라도 총성이 나고 폭음이 울려 퍼질 것만 같았다. 그때는 이미 도쿄 전체가 공황 상태에 빠져 있었던 것이다."

경시청의 요청으로 군대는 1일부터 이미 활동을 시작하고 있었다. 2일 오후(4시 혹은 6시)에는 도쿄 시와 도쿄 부[14] 아래 다섯 개 군에 계엄령이 선포되면서 군대가 본격적으로 움직이기 시작한다. (계엄령은 3일에는 가나가와, 4일에는 사이타마와 지바로 확대된다.)

유언비어가 퍼져 나가는 데에는 이 유언비어들을 기정사실화하고 동분서주한 각지 경찰의 역할이 컸다. 메가폰을 손에 든 경관들이 "조선인이 습격해 온다"고 알리는 광경도 종종 눈에 띄었다. 이런 상황에서 계엄령에 의해 출동한 군대는 그야말로 '조선인 폭동'을 사실로 확인해 준 셈이었다. 이날을 기점으로 각지에서 자경단이 맹렬한 기세로 결성된다. 도쿄 부 내에만 그 수가 1천 개 이상이었던 자경단은, 거리 모퉁이에서 길 가는 사람을 붙들어 신분을 조사하고 조선인으로 의심되는 경우 마구 폭행을 저지른 후 맘에 내키는 대로 죽이거나 경찰에 넘기거나 했다.

14. [옮긴이] 현재의 도쿄 도. 1940년대까지는 지방 자치체로서의 도쿄 부 내 공업지대나 시가지를 도쿄 시라고 칭하였으나, 전쟁 체제하에 관리를 강화하는 흐름 속에서 다른 지방자치체와 구별화된 소도쿄 도로 통합되었다. 이 책의 장 제목이나 지도에는 현재 행정구역의 명칭을 사용하고 있다.

경찰이 유언비어를 믿을 때

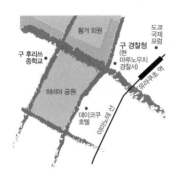

경시청조차 조선인의 습격이라는 허위 정보에 대처하는 데 실패했습니다. 거대한 지진이 불러온 대재해로 민심이 대단히 불안한 상황이었습니다. 의심생암귀疑心生暗鬼라는 말 그대로 의심이 귀신을 만들어 내고 있는 형국이었습니다. 1일 저녁에 조선인이 불온한 계획을 세우고 있다는 풍문이 전해지기 시작하더니, 요도바시, 나카노, 데라지마 등 각 경찰서에서 보고가 올라왔습니다. 폭탄 공격을 계획 중이던 조선인, 혹은 우물에 독약을 타려는 조선인을 검거했다는 보고였습니다. 두세 시간 후에는 아직 확인된 바 없다는 보고가 전해졌지만, 2일 오후 2시쯤에 또다시 도미사카 경찰서에서 불령선인을 검거했다는 보고가 올라왔기에 저는 확인도 할 겸 직접 취조를 해야겠다는 생각을 하고 해당 경찰서로 향했습니다. (중략)

때마침 경시청으로부터 급히 돌아오라는 지령이 내려왔습니다. 불령선인 일당이 가나가와 현 가와사키 방면에서 습격해 오고 있다는 것이었습니다. 부랴부랴 돌아갔더니 경시청 앞에는 엄청난 경계망이 둘러쳐져 있었습니다. 아, 조선인 폭동이 사실이구나, 그런 생각을 했었습니다. (중략)

하지만 도쿄를 습격하러 온다던 선인은 좀처럼 나타나지 않았습니다. 뭔가 이상하다 싶더니 10시쯤이 되어서는 그 정보가 허위인 것으로 판명되었습니다. 정말 우스꽝스러운 일이었습니다. 원인이야 여러 가지 있겠지만 말하자면 사람들의 마음이 심상치 않은 충격을 받고 착각을 일으킨 와중에 전신전화는 불통으로 통신이 두절되고. 아무튼 한 마리 개가 헛되이 짖자 만 마리의 개들이 덩달아 짖기 시작한다는 속담처럼 되었습니다. 경시청 당국으로서는 참으로 면목 없는 일이 아닐 수 없었습니다. (후략)

— 쇼리키 마쓰타로[15]

쇼리키 마쓰타로(1885~1969)는 약소 언론에 불과하던 요미우리 신문사를 매수하여 성장시킨 '요미우리 중흥의 아버지'이다. 당시 경

15. 쇼리키 마쓰타로, 「쌀소동과 대지진의 추억」.

시청에서 관방주사를 하고 있었다. 관방주사는 특고경찰(지금으로 말하면 공안 경찰)의 우두머리로 경시총감 다음에 해당하는 위치이다. 온갖 사회운동을 단속했을 뿐만 아니라 정계 뒤의 은밀한 정보까지도 파악할 수 있는 자리였다.

지진 발생 직후, 경시청은 불길에 휩싸였다. 쇼리키는 현장을 지휘하여 중요한 서류들을 간신히 반출하고, 오후쯤에는 히비야 공원 옆 도쿄 부립 중학교 건물로 경찰청사를 이전시켰다. 하지만 전신전화 통신망은 두절되었고, 각지 경찰서와의 연락은 자전거 등 인력에 의지할 수밖에 없는 상황이었다.

그 와중에 각지의 경찰서에서 "조선인의 폭탄계획"이라든가 "조선인이 우물에 독 투약" 등의 보고가 계속 들어왔다. 연락망이 두절되고 피난민들이 관할 지역을 쓰나미처럼 이동하는 가운데, 현장의 경찰관들마저 유언비어의 소용돌이에 휩쓸리고 말았던 것이다.

화가인 반 도시코(1907~1993)는 1일 밤에 이미 "조선인이 폭동을 일으켜 우물에 독을 던져 넣는다"고 말하고 다니는 순사를 목격했다고 한다. 이러한 경향은 점차 확대되어 다음 날에는 각지에서 메가폰을 손에 든 경찰관들이 조선인들의 폭주에 대한 경계를 외쳤다. 경찰이 남긴 공식 기록은 없다. 하지만 수많은 목격 증언과 이후의 신문 기사, 지식인들의 고발은 이런 상황이 도처에서 일어났음을 알려준다. 경찰이 자경단과 함께 조선인을 뒤쫓는 경우마저 있었다고 한다.

현장에서 보고되는 '조선인 폭동'에 대해 의심하던 쇼리키를 비롯한 경시청 간부들도 수많은 보고가 밀어닥치자 점점 유언비어를 믿게 된다.

쇼리키는 '특고의 두목'으로 두려움의 대상이었다. 거미줄 같은 정보망을 펼쳐 '적'의 핵심을 파악하고 한 방에 무너뜨리는 것이 그의 스타일이었다. 1918년의 쌀소동 때에는 중심인물을 집중적으로 타격하고 눈 깜짝할 사이에 그를 군중으로부터 분리시키며 진압에 성공했다.[16] 같은 해 6월에는 비밀리에 결성된 공산당을 적발하여 그 간부들을 일망타진했다. 하지만 통신망이 붕괴되고 사람들이 무더기로 움직이는 와중에 미확인 정보가 홍수처럼 밀려들어오자 그도 그 물결에 휘말려 버린 채 허우적거릴 수밖에 없었다.

그런 상황에서 그는 '조선인 폭동' 진압을 기획한다. 데모나 집회를 단속하고 조선인 학생들의 은밀한 독립운동에 눈을 번득여 왔던 그에게 있어 조선인 폭동은 꽤 그럴싸해 보였을지도 모른다. 수도를 방위하는 제1사단 사령부와 접촉해 군대에서도 조선인 폭동을 사실로 여기고 있다는 것을 확인한 후 그는 군인들에게 "이왕 이렇게 된 거 제대로 해봅시다!"라고 팔을 걷어붙이며 소리쳤다. 그러고는 경시청에 달려온 신문기자들에게 조선인이 모반을 일으키고 있다는 소문이 있으니 그런 이야기를 알릴 것을 요청한다.

2일 오후 5시경, 경시청은 각 경찰서에 다음과 같은 명령을 내

---

16. [옮긴이] 쌀소동은 전국 각지에서 약 1백만 명의 사람들이 거리로 나서 시위를 벌이거나 쌀가게에 불을 지르는 등 폭동을 일으킨 사건이다. 1차 세계대전 후 일본 자본주의 경제의 호황 속에서 쌀에 대한 투기가 집중되어 쌀값이 폭등하면서 일어난 일이다. 데라우치 내각은 군대를 출동시키는 등 진압에 나섰지만 결국 총사퇴하기에 이른다. 이 사건은 그다음 해의 3·1운동 및 식민지 조선에서의 쌀 생산 수탈 정책 등에도 큰 영향을 준 것으로 알려져 있다.

렸다.

"재해 상황을 틈타 방화나 기타 광폭한 행동을 저지르는 사람들이 있을 수 있다. 요도바시, 오쓰카 등에서는 실제로 그런 자들을 검거한 것으로 알고 있다. 이러한 불령자들을 엄격하게 단속하고 경계하는 데 실수나 모자람이 없도록 하라."

유언비어는 이렇게 경시청의 보증을 얻게 된다. 오토바이나 자전거를 탄 순사들이 "위험하니 여자나 아이들을 피난시키시오"라고 선전하며 돌아다녔다.

3일, 사루에우라마치(현 고토 구 사루에) 주민으로 청년단원이었던 다카나시 데루노리는 지역 순사의 지령을 받고 그것을 수기에 적어 놓았다. "오늘 불령선인들이 게이힌 방면에서 몰려온다는 정보가 들어왔으니 단원들에게 연락해서 경비에 임하도록 준비해 달라"는 것이었다.[17] 순사는 이에 관해 "경찰 상부의 정보"라고 말했다고 한다. 쇼리키와 같은 간부들의 공황이 환류還流되어 각지의 경찰서로 되돌아온 것이다.

보통 사람들에게 있어 제복을 입은 경찰관이 가장 신뢰할 수 있는 정보원임은 말할 필요도 없을 것이다. 성가시게도 경찰은 정보를 각지로 확산시키는 조직망까지 가지고 있다. 쇼리키는 남의 일처럼 말하고 있지만, '조선인 폭동'이라는 유언비어가 그토록 빠르게 퍼져 나간 데에 경찰의 책임이 막중했다는 것은 분명한 사실이다.

17. [옮긴이] 게이힌은 도쿄와 요코하마를 아우르는 지역을 일컫는데 여기서는 요코하마와 도쿄의 접경 지역, 특히 바다와 가까운 지역을 말하는 것 같다(26쪽 지도 참조).

'실패'한 것은 경시청뿐만이 아니었다. 전국의 경찰을 소관하고 있는 내무성의 고토 후미오 경보국장 역시 2일 '조선인이 각지에서 방화를 저지르고 있으니 엄격히 단속해 달라'는 취지의 공문을 보냈다. 이 문서는 전령에 의해 후나바시 해군 무선송신소로 전달되고, 다음 날인 3일엔 전보를 통해 전국 지방 단체장에게 전해진다. 이처럼 유언비어는 행정의 통신망을 통해 '사실'로 둔갑되고, 다시 재해 지역 외부로 퍼져 나갔다.

계엄령이 시행된 것은 2일 저녁, 행정 체계 스스로가 사실 확인에 실패하고 혼란을 겪는 와중이었다. 조선인 폭동 진압 명령을 받고 출동한 군대가 각지로 파견되었고, 그 과정에서 많은 조선인이 살해되었다. 그 전모는 아직까지도 밝혀지지 않고 있다.

유언비어를 사실로 받아들이고 명령을 내린 경시청이었지만, 2일 밤과 다음 날인 3일에 이르러서는 조선인 폭동이 과연 실재하는지 의심하지 않을 수 없었다. 아무리 조사를 해봐도 유언비어를 뒷받침할 증거가 발견되지 않았으니 당연한 일이었다.

이에 경시청은 궤도 수정을 시도한다. 3일에 배포된 전단에는 "엄중한 경계로 일부 불령선인들의 망동이 멈췄다. 선인의 대부분은 양순하여 흉행을 저지르지 않으니 무분별한 박해와 폭행을 삼가라"고 쓰여 있었다. 그러나 문장에서 드러나듯, 전단은 여전히 폭동이 실재함을 부정하지 않았으며, 그런 애매한 내용으로 각지의 학살을 멈추는 건 어림도 없었다. 그리하여 군대, 경찰, 자경단의 폭주는 계속된다.

1923년 9월 2일 일요일 오후 2시
가메이도 역 부근 [도쿄 도 고토 구]

소요^{騷擾}의 거리

'적은 제국의 수도에 있도다'라기에 우리는 실탄과 총검을 휘두르며 도쿄로 진입했다. 어마어마한 일이었다. 우리 나라시노 기병연대가 출동한 것은 9월 2일 낮 12시 조금 전이었을까. 이쨌든 대단히 갑작스러웠다. (중략)

사람과 말을 위한 이틀 치의 양식, 심지어 예비용 말편자까지 휴대, 그리고 실탄 60발. 장교는 자택에서 가져온 진검으로 지휘명령을 내리고 있었다. 이건 흡사 전쟁이라도 벌어진 기분이 아닌가! 뭐가 뭔지 제대로 알지도 못한 채 우리는, 질풍처럼 병영을 뒤로하고 지바카이도 대로에 한 줄의 긴 모래 먼지를 휘날리며 주욱 달려갔던 것이다.

가메이도에 도착한 것은 오후 2시쯤이었다. 도시는 마치 이재민으로 범람하는 홍수와도 같았다. 우선 열차 검문을 시작했다. 장교는 검을 빼어 들고 열차의 안과 밖을 조사했다. 어느 열차나 초만원으로 기관차에 실린 석탄 위에까지 사람들이 마치 파리처럼 잔뜩 꼬여 있었지만 그 안에 섞인 조선인은 모두 끌려 내려왔다. 그러고는 즉시 칼과 총검 아래 차례차례 쓰러져 갔다. 일본인 피난민 속에서 만세를 외치고 환호하는 소리가 폭풍우처럼 끓어 나왔다. "나라의 원수! 조선인은 모두 죽여라!"

그들을 첫 제물로 삼아, 우리 연대는 그날 저녁부터 밤에 걸쳐 본격적인 조선인 사냥을 시작했다.

— 엣추야 리이치[18]

아키타 현 출신 엣추야 리이치(1901~1970)는 1921년에 나라시노의 기병연대에 입대했다. 간토대지진 출동 당시 상관에게 반항적인 태도를 취한 탓에 바로 군에서 쫓겨났다고 한다. 위에 인용한 우스꽝스러우면서도 오싹한 글, 「간토대지진의 추억」은 훗날 프롤레타리아 작가가 된 엣추야가 2차 세계대전 후에 쓴 글이다.

군의 기록에 의하면, 2일 오전 9시에 도보 편성으로 출발한 나라시노 기병 13연대 및 14연대 380명은 오후 1시에 가메이도에 도

18. 엣추야 리이치, 「간토대지진의 추억」, 〈간토대지진 50주년 조선인 희생자 추도 행사 실행위원회〉 엮음, 『역사의 진실 간토대지진과 조선인 학살』에 수록됨.

북쪽 출구에서 바라본 가메이도 역

착한다. 당시, 각지의 군은 '조선인 폭동'이라는 유언비어를 사실로 간주한 채, 환상 속의 조선인 폭도를 찾아 바삐 돌아다니고 있었다. '피난민 수용'이나 '전화선 가설'과 같은 문구들 사이에 '불령 패거리 소탕', '선인 진압' 등의 글귀가 섞여 있는 것을 기록에서 발견할 수 있다.[19]

혼조와 후카가와를 완전히 끝장낸 화재는 가메이도의 서쪽을 남북으로 달리는 운하 요코짓켄가와에 이르러서야 비로소 멈췄다. 불길을 피한 가메이도 역 주변은 피난민으로 넘쳐 났다. 이런 와중에 '불령선인'이 습격해 온다는 유언비어가 퍼지자, 거리 곳곳에서 소란이 일어나고 있었다.

"광적으로 격앙된 주민들이 무차별적으로 선인을 폭행. 경종을 마구 울리거나 심지어 소총을 발사하는 자도 있음."[20]

19. 「근위·제1양사단의 행동」, 『현대사 자료 6 간토대지진과 조선인』(이하 『현대사 자료 6』)에 수록됨.

가메이도 역 내부도 "완전한 무질서와 아비규환의 아수라장"이었다고 한다. 2일 밤 가메이도에 도착한 기병 13연대의 기관총 부대는 사람들의 함성 소리를 따라 이쪽저쪽을 돌아다녀야 했다. 엣추야 일행은 결국 다음 날 아침까지 한숨도 잘 수 없었다.

앞서 소개한 『봉선화』에는 가메이도에서 청년단의 일원이었던 오카무라 긴자부로(당시 21세)의 이야기가 실려 있다. 9월 2일, 오카무라는 "일반인도 칼이나 총을 들라"는 군의 명령을 받았다고 한다.

"모두들 집안에 대대로 내려오던 칼이며 엽총을 꺼내 들고 다니며 조선인을 해치웠어요. 말할 수 없이 참혹했습니다. 짓켄가와 운하에 뛰어든 조선인을 엽총으로 쏘았는데……. 2일인가 3일 밤은 정말 엄청났어요."

상해에 거점을 둔 조선 독립운동 기관지 『독립신문』 특파원의 조사에서도 가메이도 주변은 가장 끔찍한 상황이 발생한 장소 중 하나로 손꼽히고 있다. 다만, 군이 학살에 직접적으로 개입했다는 증거는 많지 않다. 가메이도 역 구내에서 기병연대가 조선인 한 명을 사살했다는 공식 기록, 그리고 같은 역 구내에서 헌병이 다른 한 명을 사살하는 것을 목격했다는 증언 정도가 있을 뿐이다.

그러나 『봉선화』는 "당시 군대나 경찰 모두 조선인 폭동에 대한 유언비어를 굳게 믿고 있었다. 9월 2일 밤에 조선인을 살상한 것이 일반 민중들뿐이었다고 생각하기는 어렵다"고 지적한다.

---

20. 「기병 제13연대 기관총대 육군 기병 대위 이와타 분조 외 52명」에 대한 훈공구상(勳功具狀),『현대사 자료 6』에 수록됨. 훈공구상이란 공을 세운 장병에게 훈장 등을 수여할 때 그 내용을 기록한 문서이다.

모밀잣밤나무는 누구를 위한 걸까

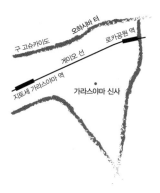

9월 2일 오후 8시 무렵 기타타마 군 지토세무라 아자 가라스야마 앞의 대로인 고슈카이도. 한 대의 화물차가 신주쿠 방면을 향해 질주하고 있었다. 때마침 세타가야 방면에서 폭도가 습격해 오고 있다는 말에 마을 청년단, 재향군인단, 소방대가 온통 손에 죽창, 몽둥이, 도비구치, 칼 등을 들고 마을의 길목들을 엄중히 경계하고 있던 와중이었다.

화물차는 당연히 단속의 대상이 되었다. 쌀가마니와 토목공사용 도구들이 잔뜩 실린 차 안에 내지인(일본인) 한 명과 선인 17명이 타고 있었다. 기타타마 군 후추마치 아자 시모가와라의 토목공사 십장인 니카이도 사지로의 집에 묵으면서 노동일을 하던 선인들로, 마침 그날 게이오 전기회사로부터 "토공들을 파견해 달라"는 의뢰가 있어 그쪽으로 이동하는 중이었다.

조선인들이 있다는 걸 알아챈 스무 명 정도의 자경단원은 자동차를 에워싸고 시비를 걸기 시작했다. 두어 번 실랑이가 오가던 중 누가 시작했달 것도 없이, 마치 산사태처럼 자경단원들이 흉기를 휘두르며 공격을 시작했다. 도주한 두 명을 제외한 15명의 선인이 중경상을 입었으며, 자경단원은 축 늘어진 조선인들의 손발을 묶어 길가에 던져 버리고는 뒤도 돌아보지 않고 사라졌다.

시간이 지난 후 이 사건을 전해들은 주재순사는 후추마치 경찰서에 급히 보고를 올린다. 본서에서 담당자가 나와 피해자들에 대한 처치를 하는 한편 가해자의 취조에 착수했지만, 피해자 중 한 명은 다음 날인 3일 아침 결국 사망했다. (중략)

10월 4일부터 가해자인 자경단에 대한 대대적인 취조가 벌어졌다. 18일까지 취조를 받은 마을 주민은 50여 명에 달하며 현재도 경찰서장이 몸소 엄중한 취조를 진행 중이다.

— 「가라스야마의 참행」, 『도쿄니치니치신문』, 1923년 10월 21 일부21

조선인 노동자들은 게이오 전철 사사즈카 차고를 수리하러 가

21. [옮긴이] 『도쿄니치니치신문』은 현 『마이니치신문』의 옛 명칭이다.

는 길이었다. 35살의 홍기백이 목숨을 잃었고 세 명이 병원으로 이송되었다.

지진이 일어난 후 옛 간선도로인 고슈카이도에는 도심으로부터 탈출하여 서쪽으로 향하는 피난민 대열이 길게 이어졌다. 기력이 다해 길 위에 쓰러지는 사람도 있었다고 한다. 그런 마당이니, 한밤중에 오히려 도심 쪽을 향해 달려가는 트럭은 분명 수상해 보였을 것이다. 폭행 현장은 고슈카이도가 가라스야마가와 강과 만나는 곳에 있는 '오하시바'라는 돌다리 위였다. 현재 가라스야마가와는 복개되어 지하수로가 된 상태이다. '가라스야마 시모주크' 버스 정류장 왼쪽 옆이 바로 그 다리가 있던 곳이다. 정류장에서 비스듬히 오른쪽을 보면【가라스야마 마을 오하시바터의 비】가 세워져 있다.

당시에는 지진으로 인해 석교의 일부가 붕괴된 상태였다. 공교롭게도 조선인 노동자들을 태운 트럭이 마침 붕괴된 부분에 바퀴가 빠져 멈춘 바람에 자경단에 포위된 것이다. 10월이 되자 일본 각지에서는 자경단에 의한 조선인 살해 사건이 범죄로 입건되기 시작하고, 가라스야마 마을에도 검사가 들어와 50명 이상이 취조를 받게 되었다. 전부 12명, 혹은 13명이 살인죄로 기소되었는데, 그중에는 대학에서 영어를 가르치는 교수도 있었다.

이 책의 발단이 된 블로그에 기사를 작성하던 당시, 나는 이 사건의 사망자 수를 확실히 알 수 없어 난감했었다. 이 정황을 알려주는 것은 앞서 나온 『도쿄니치니치신문』인데, 기사의 전문이 조선인 학살 문제에 관한 가장 기본적인 자료 『현대사 자료 6 간토대지진과 조선인』에 그대로 실려 있다. 하지만 사망자 수에 대해서는 "피해자 중의 일동"이라고 쓰여 있을 뿐이었다. 이는 이상한 표현이다. '한 명'一名을 '일동'一同으로 잘못 표기한 것이 아닐까? 그러나 몇 개의 자료를 비교해 봐도 확실한 답을 얻을 수가 없었다.

그러던 중 세타가야 구에서 1982년에 발행한 『세타가야 마을의 내력』이라는 자료를 도서관에서 우연히 발견해 이 사건에 대한 부분을 읽을 수 있었다. 자료는 사건 발생지에서 멀지 않은 가스야에 살던 도쿠토미 로카(1868~1927)[22]가 『지렁이의 헛소리』라는 책에서 이 사건에 대해 언급한 것을 소개하며 이렇게 말하고 있다.

"가라스야마 신사(미나미카라스야마 2초메)에는 지금도 13그루의 모밀잣밤나무가 숙연히 서 있습니다. 이는 살해된 조선인 13명의 혼을 달래기 위해 지역 주민들이 심은 것입니다"

당시 마을 사당이었던 가라스야마 신사는 현재 오하시바 비석이 세워진 곳의 좁은 길을 따라 남쪽으로 곧장 내려간 곳에 있다.

이 기록은 당시 내가 맞닥뜨렸던 사망자는 과연 몇 명이었는가 하는 문제를 해결해 주었다. 게다가 조선인 희생자의 혼을 달래기 위해 모밀잣밤나무를 심었다는 이야기는 강한 인상을 남겼다. 솔직히 말하자면, 조금은 한숨을 놓을 수 있었다. 나는 블로그에 13명이 죽었다고 쓰고 기사의 제목도 「13그루의 모밀잣밤나무」라고 붙였다.

---

22. [옮긴이] 기독교적 인도주의 성향이 강한 작가. 톨스토이적 평화주의의 이상을 추구함.

그러나 이후 나는 아라카와 하천 제방에서 위령식을 계속 해 오던 〈추도 모임〉의 회원으로부터 자료집을 한 권 받게 된다. 모임에서 정리한 그 자료집에는 가라스야마 사건을 보도한 『도쿄니치니치신문』의 도쿄 부에서 발행된 판에 실렸던 기사가 포함되어 있었다. 이 기사에는 피해자 전원의 이름이 열거되어 있었지만 사망자는 홍기백 한 명으로 기록되어 있었다.

〈추도 모임〉에 확인해 본 결과, 신문에 따라 차이는 있지만 아마도 한 명이 맞을 것이라는 답을 받았다. (사망자가 세 명이라고 하는 신문도 있으니, 입원한 세 명 중 두 명이 사망했을 가능성도 배제할 수는 없다.)

하지만 이 경우 새로운 의문이 생겨난다. 가라스야마 신사의 모밀잣밤나무는 도대체 누가 무슨 목적으로 심은 것일까?

내가 가진 의문을 솔직히 말하자, 〈추도 모임〉의 회원이 이번에는 1987년에 발행된 『오하시바터 석주비 건립 기념 안내』라는 책자를 보내 주셨다. 엮은이는 세타가야 구의 문화재 보호위원 및 조사원이었던 분으로 사건이 일어난 지역의 토박이였다. 모밀잣밤나무가 왜 심어졌는지에 관해 아직까지는 이보다 믿을 만한 자료를 보지 못했다는 메시지가 붙어 있었다.

책자는 그 고장의 노인의 증언을 바탕으로 1923년 9월 2일 오하시바에서 일어난 사건을 상세히 전달하고 있었다. 가라스야마 신사의 모밀잣밤나무에 대한 설명은 다음과 같다.

"이때 (12명이 기소되었을 때) 지토세 마을 연합 의회는 이 사건이 가라스야마 마을의 불행일 뿐 아니라 연합 마을 전체의 불행임

가라스야마 신사. 정면의 도리이 문을 통과해 들어가면 나타나는 참배로 양쪽에 모밀잣밤나무 네 그루가 지금도 남아 있다.

을 분명히 하고 기소된 12명에게 따뜻한 원조의 손길을 뻗친다. 지토세 지역이 이처럼 향토애가 강하고 훌륭하며 마음씨가 고운 사람들의 집합체라는 사실에 나는 기쁨을 감출 수가 없다. 기소되었던 12인은 떳떳이 향토로 돌아왔고 관계자 일동은 그 기념으로 가라스야마 신사 경내에 모밀잣밤나무 12그루를 심었다. 지금도 존재하고 있는 모밀잣밤나무들은 머지않아 심은 지 70년을 맞이하게 된다."

"일본도가, 죽창이, 어디의 누가 뭘 했느냐 따위는 절대로 물어서는 안 된다. 모든 것은 전대미문의 대지진으로 인한 재해와 행정의 소홀함 그리고 불충분한 정보가 작용했기 때문이라는 것이야말로 엄숙한 사실이다."

이 글에서 알 수 있는 것은 모밀잣밤나무가 조선인 희생자의 넋을 기리기 위해서가 아니라 피고인의 노고를 위로하기 위해 심어졌을 가능성이 농후하다는 사실이다. 참으로 씁쓸한 진상이었다.

글은 살해당한 조선인에 대한 연민의 말도 담고 있지만 그 이상으로 강조된 것은 살인죄로 기소당한 피고인들의 '수고'와 그들에 대한 동정이었다. 마치 1923년 9월의 기분이 그대로 봉해져 있는 듯한 생생한 글이었다.

지금도 가라스야마 신사에는 당시 심은 모밀잣밤나무 중 네 그루가 참배로參拜路 양쪽에 높이 솟아 있다. 90년 전 이 마을에 참극이 있었다. 그리고 침묵 속에 봉인된 다양한 생각들 또한 그곳에 확실히 존재하고 있다.

1923년 9월
구 요쓰기바시 다리 부근 [도쿄 도 가쓰시카 구·스미다 귀]

"아무것도 안 했어"라며 울고 있었다

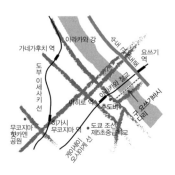

1923년 9월 2일 새벽 5시, 조인승은 옛 요쓰기바시 다리 주변에서 장작더미처럼 쌓인 시체들을 목격했다. 이 부근에서는 그 후에도 며칠 동안이나 조선인 학살이 계속되었다. 『봉선화』는 1980년대에 이 부근의 지역 어르신들로부터 수집한 증언을 다수 소개하고 있다. 〈추도 모임〉 사람들이 매주 일요일마다 지역 어르신들의 집을 돌며 100명 이상의 증언을 채집하여 얻어낸 성과였다. 지진으로부터 이미 60년이 지난 시점에서 조사가 이루어졌다는 것을 생각할 때 마지막 기회를 붙잡고 이뤄 낸 이 조사는 참으로 귀중한 것이다.

60년이라는 세월이 세월이니만큼, 날짜라든지 시간 등이 애매한 경우가 많고, 또 많은 이들이 실명으로 증언하기를 주저하고 가명을 사용했다. 9월 1일부터 며칠간 이어진 구 요쓰기바시 다리 주변의 처참함을 보여 주는 귀중한 증언 몇 가지를 여기에 소개한다.

요쓰기바시 다리 건너편(가쓰시카 측)에서 피투성이가 된 사람을 묶어 끌고 왔다. 그걸 측면에서 베어서는 아래로 던져 버렸다. 구 요쓰기바시 다리 조금 아래쪽에 구멍을 파고 던져 넣었다.(중략) 비가 내리고 있을 때였다. 요쓰기의 패거리가 이쪽으로 버리러 왔다. 데리고 와서 칼로 베고, 제방 아래에 좁고 길게 판 구멍에 발로 차 넣고 덮었다.

— 나가이 진자부로

게이세이 아라카와 역(현 야히로 역) 남쪽에 온센이케라는 큰 연못이 있었습니다. 수영도 할 수 있는 연못이었습니다. 조선인 일고여덟 명이 그곳으로 도망가자 자경단원이 엽총으로 쏴 댔습니다. 저쪽으로 가면 저쪽에서, 이쪽으로 오면 이쪽에서 쏴 대서 결국은 모두 쏴 죽여 버렸습니다.

— 이이(가명)

아마도 3일 점심때였어. 아라카와 강의 요쓰기바시 하류에 자경단들이 줄에 묶인 조선인 몇 명을 끌고 와서 죽였지. 정말 잔인했어. 일본도로 자르거나, 죽창이나 쇠막대기로 찌르거나 해서 죽였어. 여자, 그중에는 배부른 사람도 있었지만 다 죽였어. 내가 본 것만 30명 정도 죽였어."

— 아오키(가명)

(살해당한 조선인의 수는) 가미히라이바시 다리 밑에서 두세 명, 그리고 지금 기네가와바시 다리 부근에서 10명 정도였다. 조선인이 살해당하기 시작한 건 9월 2일 정도부터였다. 그때는 조선인이 우물에 독을 던졌다거나 부녀자를 폭행하고 있다는 소문이 떠돌았는데. 인심이 우왕좌왕할 때라 조작된 말인지도 모르겠지만⋯⋯모르겠다. 불쌍했다. 선량한 조선인도 살해당하고. 그 사람은 아무것도 안 했어⋯⋯라며 울면서 빌고 있었다.

— 이케다(가명)

"경찰이 우물에 독극물이 들어 있으니 물을 마시면 안 된다고 말하러 왔다"라는 증언도 나온다.

기타 구의 이와부치 수문에서 남쪽으로 흐르고 있는 아라카와 강은 치수를 위해 만든 방수로, 즉 인공적인 하천이다. 1911년에 착공하여 1930년에 완성됐다. 1923년 대지진 당시 수로는 완성되어 이미 물이 흐르고 있었지만 주변은 아직 공사 중이라 토사를 나르는 화물차들이 제방 위를 오가고 있었다. 건설 현장에는 많은 조선인 노동자들이 종사하고 있었다. 그들은 일본인의 2분의 1에서 3분의 2 정도의 임금으로 사용되다가 바로 그곳에서 학살당한다.

9월 2일부터 3일까지 군이 그곳에 주둔했고, 그러면서 기관총을 사용하는 군에 의한 학살이 시작된다. 이에 대해서는 뒤에서 다루겠다.

구 요쓰기바시 부근 현재 모습. 하천 부지에서는 시민들이 여가 활동을 누리고 있다.

1923년 9월 3일 월요일 오전
우에노 공원 [도쿄 도 다이토 구]

줏대 없이 떠다니는 소시민

내가 막 공원 입구 광장에 도착했을 때였다. 떼 지어 모여 있는 사람들이 막대기 같은 것을 휘두르고 있어 싸움이라도 벌어졌나 싶었다. 무기가 없는 사람은 도로변에서 부러진 막대기를 주워 와 휘두르고 있었다. 가까이 가서 보니 사람들이 유카타[주로 여름에 입는 얇은 일본식 옷 - 옮긴이]를 입은 한 뚱뚱한 남자를 둘러싼 채 때리고 있었다. 죽여라, 라고 외치는 군중의 입에서 조선인이라고 하는 소리도 들렸다.

순사에게 넘기지 말고 때려죽이자는 격앙된 목소리도 들렸다. 뚱뚱한 남자는 울면서 뭐라고 말했다. 막대기는 그의 머리며 얼굴을 닥치는 대로 내리쳤다.

이놈이 바로 그 폭탄을 던지거나, 우물에 독약을 타거나 한다는 그놈이구나 싶은 생각에 나도 그만 화가 치솟았다. 우리는 지금껏 선인들을 볼 때면 연민의 마음으로 친절히 대해 주었는데, 재난을 기회 삼아 불순한 음모를 꾸미다니 인간의 도를 모르는 자이다. 모름지기 이런 놈은 이 기회에 제대로 박살을 내야 한다. 순사에게 넘기지 말고 때려죽이자는 목소리가 통쾌한 울림을 주었다. 나도 두꺼운 막대기를 손에 쥐고 한 방 먹이겠다고 달려갔다.

— 소메카와 란센[23]

그러나 '나'는 곧 생각을 고쳐먹고 멈추어 선다. 신경이 과민해진 군중들 사이에 휩쓸렸다가 만에 하나 스스로 조선인으로 오해받으면 위험하지 않을까⋯⋯ 이럴까 저럴까 망설이는 사이에 병사가 나타나고 유카타 차림의 남자를 연행해 갔다.

"그때, 마음이 피폐할 대로 피폐했던 나는 그놈이 그 자리에서 맞아 죽지 않아 아쉽다고 생각했다."

소메카와 란센은 대지진 당시 43세였다. 란센은 아호이고 본명은 하루히코이다. 주고은행 본점의 서무과장으로 전형적인 엘리트 회사원이었다. 지진 당시 닛포리에 있는 자택이나 가족은 모두 무사했지만, 본인은 9월 내내 하루도 쉬지 못한 채 은행 업무 복구를

---

23. 소메카와 란센, 『지진 일지』.

위해 근무하고 있었다.

조선인이 폭탄을 던지고 있다는 유언비어를 처음부터 믿고 있었던 것은 아니었다. 그뿐만 아니라 전날인 2일 점심때까지만 해도 소메카와는 그런 소문에 말려드는 '어리석은 사람'을 경멸하고 있었다.

"불시에 일어난 재해를, 조선인이 어떻게 예지한다는 건가."

"화재 당시의 폭음을 실제로 들었던 나로서는 그것이 포장된 나무통이나 통조림이 파열하는 소리라는 걸 확신하고 있었다."

"아무것도 모르는 조선인들이야말로 엉뚱하게 제물이 되어 버린 셈이다."

하지만 그날 밤, 피난처의 선로 부근에서 청년단의 목소리가 울려 퍼졌다.

"우물에 극약이 들어 있으니 모두 조심하라."

어둠 속에서 그 목소리를 들으면서 그는 점점 더 불안해지기 시작한다.

"나는 튕겨 나듯 잠에서 깨어났다. 그리고 생각했다. 이것은 길에서 무지한 사람들이 떠드는 소문과는 다르다."

"청년단이 이렇게까지 말하고 다니는 걸 보면 뭔가 증거가 있는 것이 틀림없다."

"그렇다면 우리 집 우물도 위험천만하다."

그러다가 다음 날 아침 폭행당하는 남자를 목격했을 때, 그의 마음에는 '독약을 우물에 던지거나 하는' 조선인에 대한 분노가 넘쳐 올라왔던 것이다.

당시 우에노 공원은 무수한 피난민들로 가득한 채 혼란이 그

극에 달해 있었다. 작가 사토 하루오(1892~1964)[24] 또한 마을 회의에서 자경단에 동원되어 존재하지도 않는 적을 두려워하며 심야의 우에노 공원을 우왕좌왕 돌아다니던 경험을 기록하고 있다.

아무튼 소메카와는 우에노 공원에서의 사건 얼마 후 다시 냉정을 되찾고 다시 '조선인 폭동'을 부정하기 시작한다.

"이야기들이 너무나 현실과 동떨어져 있다. …… 지진으로 당황했다 쳐도 본래 가엾게 생각해서 선도善導해야 할 선인을, 진위 여부조차 가리지 않고 때려죽이다니 일본인들의 도량이 너무나도 좁다. 좀 마음을 가라앉히고 생각해 봤으면 좋겠다고 나는 생각했다."

소메카와가 쓴 『지진 일지』에 의하면 "(주고은행) 후카가와 지점 앞에는 세 명의 조선인이 살해되어 있었다. 모두 전신주에 묶인채 일본도에 베인 모습이었다. 야마시타 지점장이 실제로 보고 와서 해 준 이야기였다"라는 기술도 있다.

조선 독립운동 단체가 작성한 간토대지진 보고서인 『학살』(1924년)에는 우에노 공원 부근에서의 조선인 피해와 관련해 "중상 3인"이라는 기록이 남아 있다.

"전라남도 광주군 서창면 서용두리 김병권, 전라남도 장흥군 이내선, 전라남도 광주군 이○○(불명)."

어쩌면 이 중 한 명이 유카타 차림의 그 남자가 아니었을까.

24. [옮긴이] 사토 하루오는 어두운 내면을 외부 세계로 투영시킨 섬뜩하고 환상적 스타일로 알려진 작가이다. 시와 소설은 물론 수필, 평론 등 여러 장르에서 왕성한 활동을 펼친 작가로 전전 전후를 통틀어 문단에서 영향력을 가졌다.

우에노 공원의 하카마고시 광장과 그곳에서 바라본 우에노 역

1923년 9월 3일 월요일 오후 3시
히가시오지마 [도쿄 도 고토 구·에도가와 구]

중국인은 왜 살해당했을까

일시 : 9월 3일 오후 3시경

장소 : 오지마마치 8초메

군대 관계자 : 야전 중포병 1연대·제2중대 이와나미 기요사다 소위 이하 69명 및 기병 14연대 미우라 고조 소위 이하 11명

병기 사용자 : 기병 14연대의 병사 3명

병기 사용 대상자 : 선인 약 200명

처치 : 구타

상황 요약 : 오지마마치 부근의 인민이 선인들의 위해를 받으려는 상황에서, 야전 중포병 1연대 제2중대의 이와나미 소위가 구

원대로서 도착. 마침 기병 14연대의 미우라 소위를 만나 함께 선인을 포위하려는 찰나 군중 및 경찰관 4, 50명이 약 200명의 선인 무리를 인솔해 옴. 선인들을 어떻게 처치할지 협의 중 기병대 병사 세 명이 선인의 두목 세 명을 총의 어깨받이로 구타한 것이 계기가 되어, 선인들이 군중 및 경관과 싸움을 일으킴. 군대는 이를 저지하고자 했으나 선인은 모두 사살되었다.

비고 : ① 야전 중포병 1연대의 두 장교 이하 69명의 군인은 무기를 휴대하지 않았다. ② 약 200명의 선인은 폭행, 강간, 약탈의 혐의가 있다고 했으며 곤봉 손도끼 등의 흉기를 휴대. ③ 이 선인 무리는 지나支那에서 온 노동자라는 설이 있지만, 군대 측은 선인이라고 확신하고 있었다.[25]

—「지진 재해 경비를 위한 병기 사용 사건 조사표」, 『간토 계엄 사령부 상보』[26]

현재 도쿄 지역에 거주하는 지나인은 약 4,500명이며 그중 2,000명은 노동자이다. 9월 3일 오지마마치 7초메에서는 지나인 및 조선인 300~400명이 방화 혐의로 3회에 걸쳐 총살당하거나 맞아

25. [옮긴이] 지나(일어 발음은 시나)는 중국을 가리키는 말. 불교가 인도에서 동아시아로 전해졌을 때 인도에서 산스크리트어로 중국을 가리킨 말을 한문으로 음역한 것이다. 근대화 이후 제국주의적 질서 속에서 이 명칭은 일본이 중국에 대해 가지는 멸시 등 인종주의적 함의를 담게 되었다.
26. 『간토대지진 정부 육해군 관련 사료 2권 육군 관계 사료』에 수록.

죽었다. 제1회는 같은 날 아침으로, 군이 청년단에게서 인도받은 두 명의 지나인을 총살한다. 제2회는 오후 1시경, 군대 및 자경단(청년단 및 재향군인단 등)이 약 200명을 총살하거나 때려죽인다. 제3회는 오후 4시경, 약 100명이 같은 방식으로 살해되었다. 이때 죽은 지나인과 조선인의 사체는 4일까지 방치되어 있었으며, 경시청은 야전 중포병 제3여단장 가네코 다다시 소장 및 계엄사령부 참모장에게 이들 시체에 대한 처리 방침과 나머지 200~300명의 지나인에 대한 보호 방침을 세워 줄 것을 요청하고, 일단 고노다이 병영에서 집단 보호하기로 한다.

본 사건 발생의 동기나 원인 등은 현재로서는 명확하지 않다. 지나인 및 조선인이 방화 등을 저질렀다는 명확한 사실은 없다. 다만 선인에 대해서는 폭탄 소지 등의 사례를 발견했을 뿐이다.

— 경시청 히로세 외사과장 직화直話(1923년 9월 6일)[27]

『간토 계엄사령부 상보』는 간토대지진 당시 육군의 작전 행동 기록을 정리한 자료인데 중국인 학살 사건을 조사하고 있던 저널리스트 다하라 요가 도쿄 도 공문서관에서 발견했다. 뒤에 인용한 '직화直話는 임시지진재해구호 사무국의 경비부에서 이루어진 모임의 발언 기록이다. 전후 미국이 가져간 외무성 문서에서 발견되었다.

두 자료는 같은 사건에 대해 이야기하고 있는 것으로 보인다. 실

---

27. 국립 공문서관 아시아 역사 자료 센터-HP(참고자료코드 B041013322800).

제로 무슨 일이 일어났던 것일까? 살해당한 것은 조선인일까, 중국인일까?

이 사건에 대해서는 사건 직후부터 일본인과 중국인에 의해 조사가 진행되었으며, 목격 증언이나 군인에게 들은 것을 포함한 전후의 자료들도 있고 해서, '무엇이 일어났는가' 그 자체는 제법 정확히 알 수 있다.

사건 현장인 미나미카쓰시카 군 오지마마치(현 고토 구)는 도쿄 시에 인접해 있었다. 공장 등에서 일하는 중국인 노동자 천 수백 명이 60개가 넘는 숙소에 거주하고 있었다. 9월 3일 아침, 오지마마치 8초메의 일본인 주민들은 당일 외출을 삼가라는 말을 전해 들었다고 한다. 말을 전하고 다닌 것은 재향군인회나 소방단원들인 듯하다. 그러고는 오전 중에 총검을 찬 병사 두 명이 오지마마치 6

히가시오지마 문화센터. 이 부근에서 도에이 지하철 신주쿠 선이 지상으로 나오는 지점의 북쪽까지가 당시 중국인 학살의 최대 현장이었던 공터였다.

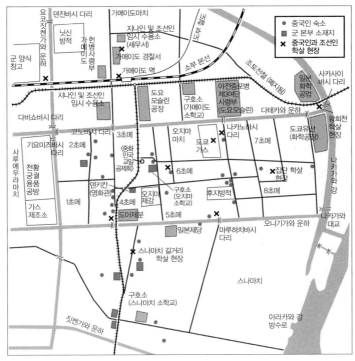

당시의 가메이도, 오지마, 스나마치와 학살 현장
니키 후미코, 『간토대지진하의 중국인 학살』 32쪽의 지도를 바탕으로 작성함

초메의 합숙소로 와서 중국인 노동자들을 끌고 간다. 그 전후로 8
초메의 공터에서 두 명의 노동자가 사살되었다.

점심 무렵, 이번에는 오지마마치 8초메의 중국인 숙소에 군, 경
찰, 청년단이 나타나, 돈을 가지고 있는 자는 중국으로 보내 줄 테
니 따라오라며 174명을 데리고 나간다. 하지만 근처 공터에 다다르
자 누군가가 "지진이다. 엎드려라!"라고 소리쳤고, 중국인들이 땅바
닥에 엎드리자 일제히 이들을 공격했다.

"대여섯 명의 병사와 경찰관 몇 명, 그리고 다수의 사람들이

200명쯤 되는 중국인을 포위하였다. 사람들은 손에 도끼, 도비구치, 죽창, 일본도 등을 들고 한쪽 끝에서부터 지나인을 학살하였으며, 나카가와 수상木上 경찰서의 순사들도 일반인들과 함께 이 광적인 학살에 가담했다."

이것은 근처에 사는 기도 시로라는 인물이 이후 현지 조사를 온 마루야마 덴타로 목사 일행에게 전한 당시의 광경이다. 사건 발생 2개월 후인 11월 18일의 증언이다.

오후 3시쯤에는, 앞서 말한 이와나미 소위 이하 69명, 미우라 소위 이하 11명의 군인들이 등장한다. 그들은 사람들이 "200명의 선인 무리를 인솔해 와서…… 어떻게 처리할지 협의 중"이던 곳에 나타나 이들 모두를 살해했다. 이 "선인 무리"란 물론 중국인 노동자들을 말한다.

8초메에서 벌어진 학살을 정점으로 이날 오지마 각지에서 비슷한 사건이 일어났다. 살해당한 중국인의 수는 300명 이상으로 여겨진다.

8초메 학살의 유일한 생존자인 황자연은 10월에 귀국하여 이 사실을 중국 미디어에 알린다. 이는 당시 일본을 원조하자는 분위기가 강했던 중국의 여론을 급변시켰다. 일본에 대한 항의의 목소리가 들끓었다. 고향으로 돌아간 황은 학살 당시 입은 상처가 곪아 악화되고, 피를 토하는 등 점차 건강이 나빠져 2, 3년 후 결국 목숨을 잃었다.

어째서 이런 대량 살인이 일어난 것일까. 지진 당시 조선인이 방화나 폭탄 등 유언비어의 표적이 된 것과 달리 중국인에 대한 유언비어는 없었다. 오지마마치의 학살은 혼란 속에서 충동적으로 벌어진 조선인 학살과는 달리 분명한 계획성을 드러내고 있다.

간토대지진 당시의 중국인 학살에 관해 연구를 한 니키 후미코는 학살의 배경에 노동 브로커의 입김이 있었다고 말한다. 1차 세계대전이 불러온 호황이 끝나고 일본에는 수년 전부터 불황이 시작되고 있었다. 일본인보다 20퍼센트나 싼 임금으로 일하던 중국인 노동자는 일본인 노동자에게는 물론 인부를 알선하고 임금의 일부를 착복하던 노동 브로커의 입장에서도 아니꼬운 존재였기에 그들을 배척하는 움직임이 일어나고 있었다고 한다. 게다가 중국인들이 이후 언급할 〈중화민국 교일공제회〉의 지도하에 체불된 임금의 지불을 요구하거나 하면서 일본인에게 있어 중국인들은 이미 사용하기 불편한 존재가 되어가고 있었다.

경찰 또한 중국인 노동자에 호의적이지 않았다. 당시 노동쟁의가 많이 일어나던 오지마마치를 관할하던 가메이도 경찰서는 공안적인 색깔을 강하게 띠고 있었다. 여러 공장에서 일본인들이 노동쟁의를 일으키는 상황에서 중국인마저 노동운동을 일으킨다면 속수무책인 상황이었다. 행정 차원에서도 일본인 노동자 보호를 위한다는 미명하에 중국인 노동자의 입국 규제 및 국외 추방 등을 진행하고 있었다.

이러한 상황에 비추어 니키는 이 사건을 노동 브로커와 경찰이 중국인을 몰아내고 싶었던 진작의 소원을 실행에 옮긴 사건으로 판단한다. 조선인 학살로 어수선한 상황을 틈타 일본인 노동자들을 부추기는 한편, '조선인 폭도 진압'으로 공을 세우려 조바심이

히가시오지마 문화센터 부근

난 군부대를 끌어들여 중국인을 처리한 것이다. 말하자면 이는 다른 곳에서 벌어진 조선인 학살과는 양상이 전혀 다른 특수한 사건이었다.

한편 니키는 이 학살에 갈채를 보내던 민중의 모습 또한 지적한다.

"이에 갈채를 보내면서 영합하던 군중은 무력한 상대에게 스스로 손을 댔다. 무엇이 중국옷을 입고 있는 중국인을 향해 '이놈은 조선인이다. 해치워 버리자'라고 소리치게 만들었을까? 거기에는 권력자들의 행위를 용인할 뿐 아니라 부추기는 전형적인 외국인 배척의 관념이 있었다. 이는 군인도 민중도 공유하고 있는 관념이다. (중략) 그것은 생명에 대한 외경의 부재, 인권 감각의 결여와 함께 있는 것이다."

애매함 속에 매장된 것은……

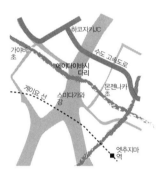

그날은 가랑비가 내리고 있었다. 1923년 9월 3일 오후 4시, 에이다이바시 다리 근처에서 군과 군중이 조선인들을 살해했고, 그들의 시체는 스미다가와 강을 떠내려갔다. 그 수는 '약 30명' 혹은 '약 32명'이라고 기록되어 있다.

쓰사키 경찰서로부터 호송 지원 요청을 받은 특무조장 시마자키 기스케의 명령으로 순사 5명과 함께 스사키에서 폭행을 저지른 불령선인 약 30명을…… 스사키 경찰서에서 히비야 경시청에 ○○○(판독불능) 에이다이바시 다리에 도착하지만 교량이 불타 버린 탓에 통행이 불가. 배를 준비하는 와중 조선인 한 명이 도망치기 시작하고 그것을 계기로 조선인 17명이 스미다가와 강으로 뛰어듦. 순사의 명령으로 실탄 17발을 하천 방향으로 발포. 하천에 들어가지 않고 육로로 도망가려던 자들은 근처의 피난민과 경찰관에 의해 맞아 죽음.

— 『간토 계엄사령부 상보』 중 「지진 재해 경비를 위한 병기 사용 사건 조사표」[28]

스미다가와 강을 가로지르는 에이다이바시 다리는 현재 주오 구와 고토 구의 경계에 위치한다. 9월 1일 밤, 강의 양쪽에서 발생한 불을 피해 들어찬 엄청난 수의 사람들로 발 디딜 틈조차 없이 빽빽하던 다리는 결국 피난민들을 실은 채로 불에 타 무너져 내렸다.

이틀 후 그곳에서 조선인들을 학살한 것은 야전 중포 제1연대 2중대의 시마자키 특무조장 지휘하에 있던 병사 세 명과 순사 다섯 명이다. 「사건 조사표」 본문은 그 조선인들이 "폭행을 저지른" 탓에 연행된 것처럼 기록하고 있다. 하지만 당시 군대는 학살 행위를 정당화하기 위해 상습적으로 기록을 왜곡했으며, 이 또한 그런 사례 중 하나일 가능성이 크다. 더욱 중요한 것은 연행된 조선인의 수가 "약 30명"으로 기록되어 있다는 사실이다. 하지만 병기 사용 대상자란에는 "약 32명 (중 17명 이름 불명)"이라고 되어 있다. 사람 수가

---

28. 『간토대지진 정부 육해군 관계 사료 2권 육군 관계 사료』에 수록.

다를 뿐만 아니라 "약"이라는 애매한 접두어까지 붙어 있는 것이다.

간토대지진 조선인 학살 연구의 일인자로 꼽히는 시가 현립 대학의 강덕상 명예교수는 이에 맹렬한 분노를 토한다.

"약 32명 혹은 약 30명의 인간 연행. 이것은 무엇을 의미하는가. '약'은 대충, 거의와 같은 불확실한 말이지만 이 애매함 속에 두 사람의 존엄이 묻혀 있다는 것을 알아차려야만 한다. 여기서 드러나고 있는 것은 이른바 새털만큼이나 가볍게 여겨진 조선인의 생명이다."[29]

이 사건은 마치 조선인들의 도주 시도로 인해 벌어진 것처럼 기술되어 있지만 하천으로 뛰어든 17명을 17발의 총탄으로 사살했다는 것은 너무나도 부자연스럽다. 실제 벌어진 일은, 조선인들을 스미다가와 강에서 사살한 뒤 사체 처리를 생략하기 위해 하천에 흘려보낸 것이리라고 강 교수는 추측하고 있다. 그 이틀 전에 일어난 에이다이바시 다리에서의 참극으로 부근에는 이미 무수한 사체가 떠다니고 있었다. 나중에 회수된 익사체는 수백에 이른다.

앞서 말했듯이 『간토 계엄사령부 상보』는 육군의 작전 행동 기록을 정리한 것이다. 그 일부인 「사건 조사표」는 계엄군이 민간인을 살해한 무수한 사례를 그 이유와 함께 열거하고 있다.

"수상한 조선인이 폭탄 비슷한 것을 민가에 던지길래……곤봉으로 때려 졸도시켰다."

"그 조선인은 갑자기 오른쪽 주머니에서 폭탄 같은 것을 꺼내려

---

29. 간토대지진 85주년 심포지움 실행위원회 엮음, 『지진·계엄령·학살』.

에이다이바시 위, 동쪽 끝에서 남쪽을 바라본 풍경

고 했다. 투척하면 극히 위험하므로 자기 방위로 사살했다" 등등.

폭탄 "같은 것"이 정말로 폭탄인지 아닌지 확인한 흔적도 없지만, 조선인의 사체 역시 대부분 "부득이 그대로 방치"되었다. 결국 이 모든 것은 그들의 '묻지 마' 살인과 사체 유기를 정당화하는 억지 주장에 불과한 것이다.

「사건 조사표」에 정리된 살해 사례는 20건. 피해자 수는 266인 (조선인 39명, 군이 조선인이라고 강변하는 중국인 200명, 일본인 27명)에 이른다. 여기에 사법성의 내부조사서[30]에 있는 군의 살해 기록 중 「사건 조사표」와 겹치지 않는 21명(조선인 13명, 일본인 8명)을 더하면 287명이 된다.

물론 이 숫자들조차 실제로 있었던 살해 사건의 극히 일부에

---

30. 「지진 후의 형사 사범 및 그것에 관련된 사항 조사서」(『현대사 자료 6』에 수록).

지나지 않을 것이다. 당시 육군 대위로서 야전 중포병 제3여단의 참모 역할을 담당했던 엔도 사부로(1893~1984, 2차 세계대전 종전 시 육군 중장)는 1970년대에 논픽션 작가 쓰노다 후사코(1914~2010)의 취재에 이렇게 답한다.

"…… 나쁘다는 것은 확실히 알고 있었지. 하지만 당시 병사들 사이에는 조선인을 한 사람이라도 더 많이 죽이는 게 애국하는 길이고 더불어 훈장이라도 받을 수 있다는 그런 생각이 퍼져 있었어. 그것을 살인죄로 심판할 수는 없지. 책임을 져야 할 사람들은 병사들에게 그런 기분을 안겨 주고 제멋대로 하도록 놔둔 자들이지."31

결국 단 한 명의 군인도 조선인과 중국인을 살해한 죄로 심판받지 않았다.

31. 쓰노다 후사코, 『아마카스 대위』 [이 인용문의 출처인 쓰노다 후사코의 책 『아마카스 대위』에서 '아마카스 대위'는 '아마카스 마사히코'이다. 아마카스는 연표에서 언급된 오스기 사카에, 이토 노에, 그리고 오스기의 조카를 살해한 사건의 주범이다. '오스기 사건' 혹은 '아마카스 사건'으로 알려진 이 사건은 본서 92쪽~96쪽 「경찰서 안에서」에서 소개된 '가메이도 사건'과 함께 간토대지진 당시 사회운동의 말살에 국가 기관이 관여한 대표적인 사건으로 간주된다. — 옮긴이]

몸에 남은 무수한 상처

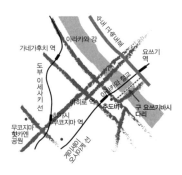

당시 우리는 한 스무 명 정도가 같이 있었는데 자경단이 다가오는 방향에서 가장 가까운 쪽에 있었던 것은 임선일이라는, 아라카와 제방공사에서 일하고 있던 사람이었어요. 그 사람, 일본어는 거의 알아듣지 못했어요. 자경단이 그에게 와서 뭐라고 하자, 그는 내 이름을 큰 소리로 부르면서 "뭐라고 하는데 전혀 모르겠으니까 통역 좀 해줘"라고 외쳤습니다. 그 말이 끝나자마자 자경단의 손에서 일본도가 내리꽂히고 그는 살해되었어요. 그 옆에 앉아 있던 남자도 죽었구요. 이대로 앉아 있다가는 나도 틀림없이 죽겠구나 싶었죠. 나는 옆에 있는 동생 훈범과 처형에게 신호를 했고, 다 같이 철교에서 정신없이 뛰어내렸어요.

— 신창범[32]

신창범이 일본에 온 것은 대지진 직전인 8월 20일이었다. 친척 등 15명의 동료들과 함께 일본으로 여행을 왔다고 한다. 간사이 지역을 돌아본 후 30일에 도쿄에 도착했다.

9월 1일 오전 11시 58분에 그는 우에노에 있는 한 여관에서 점심을 먹고 있었다. 조선 반도에는 지진이 거의 일어나지 않는다.

"난생처음이라서요. 계단에서 넘어지고 떨어지는 사람, 벌벌 떠는 사람. 뭐 반응도 가지가지였죠. 저는 이 층에서 밖으로 뛰어내렸어요."

그 후, 불타는 거리에서 갈팡질팡 조선인 지인을 찾아 피난을 하는 와중에 도쿄에 사는 동포들과 합류했다. 아라카와 제방에 도착한 건 3일 밤이었다. 제방 위는 걸어 다니기가 어려울 정도로 피난민들이 넘쳐 나, 밀려드는 인파 속에서 정신을 차리니 게이세이선 철교의 한가운데까지 밀려와 있었다고 한다. 이 철교는 지금도 같은 위치, 즉 그 당시 아라카와 역이었던 지금의 야히로 역 바로 앞에 있다. 당시에는 역 바로 옆에 평행으로 구 요쓰기바시 다리가 걸려 있었다.

심야 2시쯤, 꾸벅꾸벅 졸고 있는 그의 귀에 "조선인을 끌어내라",

32. 조선대학교, 『간토대지진 조선인 학살의 진상과 실태』.

게이세이 선 아라카와 철교. 다리의 위치는 당시와 같다.

"조선인을 죽여라"라는 목소리가 들려왔다. 정신을 차리고 보니 무장한 일군의 무리가 떼 지어 있는 피난민을 한 사람 한 사람 일으켜서 조선인인지 아닌지 확인하고 있었다. 그리고 철교로 올라온 그들은 참극의 서막을 열었다.

임선일이 일본도 한 칼에 베여 나가고, 옆에 있던 남자까지 살해당하는 것을 목격한 신창범은 동생, 그리고 처형과 함께 철교 위에서 아라카와 강으로 뛰어들었다.

그러나 그는 곧 작은 배로 뒤쫓아 온 자경단에게 붙들리고 만다. 둑으로 끌어올려진 그를 향해 일본도가 내리꽂혔고 이를 간신히 피했으나 새끼손가락이 잘렸다.

신창범은 일본인들에게 덤벼들며 저항했지만 다음 순간 그를 둘러싸고 있던 일본인들에게 마구 폭행을 당하고 실신한다. 그 후의 기억은 없다. 정신을 차렸을 땐 이미 데라지마 경찰서의 시체 보관소였다. 전신에 상처를 입은 채 시체 속에 파묻힌 걸 마침 데라지마 경찰서에 수용되어 있던 동생이 발견하고 간호해 준 덕분에 기적적으로 목숨을 건졌다.

10월 말, 중상을 입은 사람들이 데라지마 경찰서에서 일본 적십자병원으로 옮겨질 때, 조선 총독부 관리는 신창범에게서 "이번 일은 천재라고 생각하고 잊겠다"는 다짐을 받았다. 중상자들 중 유일하게 일본어가 가능했던 그는 다른 조선인들에게도 그 말을 전해 주어야만 했다. 일본 적십자병원에서도 그들은 제대로 된 치료를 받지 못했다. 같은 병실에 있던 16명 중 살아남은 사람은 9명뿐이었다.

신창범의 몸에는 무수한 상처의 흔적이 평생동안 남아 있었다. 새끼손가락을 비롯하여 머리에 네 곳, 오른쪽 볼, 왼쪽 어깨, 오른쪽 옆구리 등. 양쪽 발목 안쪽에 있는 상처는 일본인들이 죽었다고 생각한 그를 옮길 때, 도비구치로 그곳을 찍어 끌어당겼기 때문일 거라고 그는 짐작한다. 어시장에서 커다란 생선을 찍어 끌어당기듯이, 바로 그렇게.

경찰서 안에서

아침이 되었을 때 보초를 서고 있던 순사들의 대화를 들었습니다. 미나미카쓰시카 노동조합의 간부 전원을 체포해 와서 우선 두 명을 총살했는데, 근처 민가에 총소리가 들리면 곤란하겠다 싶어서 나머지 사람들은 총검으로 찔러 죽였다는 등의 이야기였습니다. 저는 그제야 동지들이 살해당한 것을 알았고, 동틀 녘에 들려온 총성의 의미도 비로소 이해했습니다.

더 이상 참을 수 없어져서 화장실에 가게 해 달라고 부탁했습니다. 화장실로 가는 통로 양쪽에는 이미 3, 40구의 사체가 쌓여 있었습니다. 2층에 있었던 저는 학살의 현장을 목격하지는 못했지만 아래층에 수용된 사람들은 모두 봤을 것입니다. 학살이 일어난 걸 알고 사람들은 극도의 불안에 빠져들었습니다. 누구도 어떤 소리도 내지 않았습니다. 다들 꼼짝하지 않고서 눈만 두리번거리면서 죽은 사람처럼 가만히 있었습니다.

4일에도 하루 종일 학살이 계속되었습니다. 눈이 가려진 채 벌거벗겨진 동포들을 세우고 병사들이 호령에 맞춰 총검으로 찔러 죽였습니다. 쓰러진 사체를 옆에 있던 병사가 쌓아 올리는 것을 이 눈으로 똑똑히 봤습니다. 밤새 비가 내렸지만 학살은 무심하게 진행되었고 그렇게 5일 밤까지 계속되었습니다. (중략)

가메이도 경찰서에서 학살당한 사람은 제가 목격한 것만도 50~60명에 달합니다. 학살된 사람의 총수는 엄청날 거라고 생각합니다.

— 전호암[33]

노동조합의 활동가들이 살해당한 이 사건은 이후 가메이도 사건이라 불린다. 히라사와 게이시치(1889~1923), 가와이 요시토라(1902~1923) 등 10명의 활동가들이 9월 3일 밤 가메이도 경찰서에 구속되고, 경찰의 요청을 받은 군(기병 13연대)에 의해 살해되었다. 히라사와 일행이 살해된 날짜에 관해서는 3일 밤이라는 설과 4일 밤이라는 설이 있는 것 같다. 살해된 것은 10명인데 히라사와를 제

33. 조선대학교, 『간토대지진 조선인 학살의 진상과 실태』.

외하고는 대부분 20대의 젊은이들이었다.

이때 살해된 것은 그들만이 아니었다. 자경단 4명과 그 수를 알수 없을 만큼 많은 조선인들이 살해되었다.

「중국인은 왜 살해되었을까」에서 얘기했듯이 가메이도 경찰서는 공안경찰적인 성격이 강했다. 관내에 밀집해 있던 공장들에서 노동운동이 왕성히 벌어지고 있었기 때문에 이에 대한 단속과 감시를 중요한 임무로 삼고 있었던 것이다. 지진 당시 서장이었던 후루모리 시게타카도 원래는 경시청 특고과 노동계장이었다. 요컨대 좌익이나 외국인을 적대시하는 분위기가 다른 어떤 경찰서보다도 심했다고 할 수 있다.

지진 직후, 요쓰기바시, 오지마, 가메이도 역 주변을 포함한 가메이도 경찰서 관내는 극도로 혼란스러웠다. "폭행과 살상이 마을에서 행해지고, 거리는 소요에 휘말렸지만 조선인에 의한 폭행의 흔적은 발견되지 않았다"고 가메이도 경찰서는 기록한다.

경찰대가 군과 함께 소요의 현장에 출동해서 조선인을 구속했다. 1천 명이 넘는 조선인과 중국인으로 꽉 찬 경찰서 안은 콩나물시루 같은 상태였다(경찰서 직원의 수는 230명 정도에 불과했다). 그러나 이런 적극적인 조치는 결코 조선인을 보호하기 위한 것이 아니었으며 단지 그들이 얼마나 열심히 '불령선인'을 단속하고자 했는지를 보여 줄 뿐이라는 것을 말해 두고 싶다.

가메이도 사건의 하루 전인 3일 이후 경시청은 멋대로 사람들을 폭행하지 말라는 내용의 전단지를 뿌리는 등, 권력의 통제에서 벗어난 자경단의 활동을 억제하기 시작한다. 조선인 폭동의 실재

여부에 부정적인 입장을 가지게 되면서 나타난 현상이지만, 이 시점에서도 경찰청은 여전히 애매한 태도를 취하고 있었다.

살해된 사람들 중에는 가메이도 경찰서에서 구류 중이던 일본인 자경단 4명도 있다. 그들은 자신의 행동을 나무라는 경찰관에게 일본도를 들이댄 까닭에 체포되었다. 이들이 유치장에서조차 죽일 테면 죽여 보라며 계속 떠들어 대자, 가메이도 경찰서는 군에 요청해서 그들을 살해했다. 그리고 활동가와 조선인을 학살하기 시작한다.

증언자인 전호암은 공산주의자 가와이 요시토라 등이 지휘하는 미나미카쓰시카 노동조합의 일원이었다. 학교에 다니기 위해 2년 전에 일본에 온 그는 조선 독립을 위한 사회혁명의 필요성을 생각하게 되었고, 쇠를 가는 줄 공장에서 노동자로 일하며 노조 활동에 열중하고 있었다.

2일 이후 자경단이 길거리에서 조선인을 공격하는 것을 본 전호암은 신변에 위험을 느낀다. 경찰에서 조선인을 수용하기 시작했다는 말을 듣고는 차라리 그쪽으로 가는 것이 안전하겠다고 판단. 2일 낮에 공장에서 함께 일하는 일본인 친구 10명의 보호를 받으며 가메이도 경찰서로 향했다. 가는 도중에 그는 여기저기서 죽창이 꽂힌 조선인의 사체를 보았다고 한다.

가메이도 경찰서에 수용되어 있던 조선인 중에는 자경단의 습격에서 몸소 도망쳐 온 사람이 많았다고 전호암은 증언한다. 하지만 가메이도 경찰서는 바깥보다 더 위험한 장소였다.

그는 7일까지 가메이도 경찰서에 있다가 나라시노의 구 포로수용소³⁴로 이송되었다. 4일 오후 4시, 계엄시령부가 도쿄 부근의 조선인을 나라시노의 수용소 등에 보호 수용한다는 명령을 내렸기 때문이다. 10월 말까지 포로수용소에서 지내야 했던 전호암은 석방 후 귀국을 고려하다가 역시 가메이도로 돌아가기로 결정한다. 조합 동지들의 안부를 확인하고 싶었기 때문이다.

가메이도 사건. 가메이도 경찰서가 10명의 노조 활동가를 살해한 이 사건은 대대적으로 보도되었다. 10월, 정부는 그 사실을 인정하면서도 군이 당시 필요한 적절한 행동을 취한 것이라며 누구에게도 그 죄를 묻지 않았다. 한편, 같은 시기에 경찰서에서 일어난 조선인 학살에 대해서는 여전히 사실 확인조차 이루어지지 않은 상태이다.

---

34. [옮긴이] 1차 세계대전 때 독일군 포로를 수용.

병사가 기관총으로 죽였다

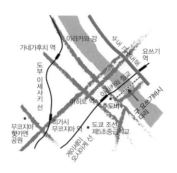

『봉선화』에는 자경단 등과 일반인들이 저지른 학살뿐 아니라 군대가 저지른 조선인 학살에 대한 증언도 여러 개 실려 있다.

간토대지진 당시의 조선인 학살에 대해서는, 자경단이 조선인을 죽인 사건이라는 이미지가 굳어져 있다. 물론 그것은 틀린 말이 아니다. 그러나 그렇게 말하면 행정이 맡은 역할이 빠져 버린다. 쇼리키 마쓰타로와 같은 경시청 간부나 내무성 경보국 등이 유언비어를 기정사실로 여기고 잘못된 정보를 퍼뜨렸다는 것은 이미 말한 바 있다. 2일의 시점에서는 군대조차 조선인 폭동을 기정사실로 받아들이고 있었다고 쇼리키는 말한다.

실제로 군의 기록을 보면 "메구로, 세타가야, 마루코 방면에 출동하여 조선인을 진압"했다거나 "폭동을 일으킨 조선인 진압을 위해 1중대를 교토쿠로 파견하다"라는 등의 글이 나온다.[35]

근위사단과 함께 계엄의 주력을 담당한 제1사단 사령부의 경우, 3일에는 "무리 지어 다니는 조선인 폭동은 발견되지 않음"이라고 결말지었지만 각지에 진격한 군부대들은 이미 많은 조선인을 살해하고 있었다.[36]

『봉선화』에서 알 수 있는 것은 구 요쓰기바시 다리 주변에 군대가 도착한 것이 2일 혹은 3일이라는 것 정도이다. 그러므로 여기서는 구 요쓰기바시 다리 주변에서 군대가 저지른 학살과 관련된 증언들을 날짜 구분 없이 소개하고자 한다.

"요쓰기바시로 온 것은 나라시노의 기병(연대)이었습니다. 나라시노의 병사들은 말을 탔기 때문에 빨리 왔습니다. 듣기로는 조선인들이 헛소문을 퍼뜨렸다네요 …… 그러고는 조선인 죽이기가 시작되었습니다. 병사가 조선인을 죽일 때마다 다들 만세, 만세라고 외쳤어요. 사람들이 살해된 곳마다 풀이 피로 검게 물들었습니다."

— 다카다 (가명)

"일개 소대 정도? 한 2, 30명 정도 됐었나. 두 열로 나란히 세우고

35. 『현대사 자료 6 간토대지진과 조선인』.
36. 같은 책.

는 보병이 등 뒤에서, 그러니까 뒤에서 총으로 쐈지. 이열 횡대였으니까 24명이네. 그런 학살이 이삼일 계속되었지. 주민은 그런 일에 신경도 안 써, 전혀 관여하지 않았어. 조선인 사체는 강가에서 불태워 버렸지. 헌병대가 지켜보는 가운데 석유랑 장작으로 불태워 버렸지."

— 다나카 (가명)

"요쓰기바시 다리 하류에 있는 스미다 구 쪽의 강가에서 조선인을 10명씩 묶어서 나란히 세운 뒤 군대가 기관총으로 쏴 죽였습니다. 아직 죽지 않은 사람도 손으로 미는 광차 선로 위에 놓고 석유를 부어 불태웠습니다."

— 아사오카 주조

"9월 5일, 18세의 형과 함께 둘이서 혼조의 불탄 자리에 가 볼까 해서, 구 요쓰기바시 다리를 건너 서쪽 끝까지 왔을 때입니다. 많은 사람들이 다리 밑을 보고 있길래, 우리도 다리 밑을 보니, 10명 이상 되는 조선인들이 …… 그중에는 여자도 한 명 있었는데, 군인 아저씨들이 쏜 기관총을 맞고 죽어 있는 것을 보고 깜짝 놀랐습니다."

— 시노즈카 고키치

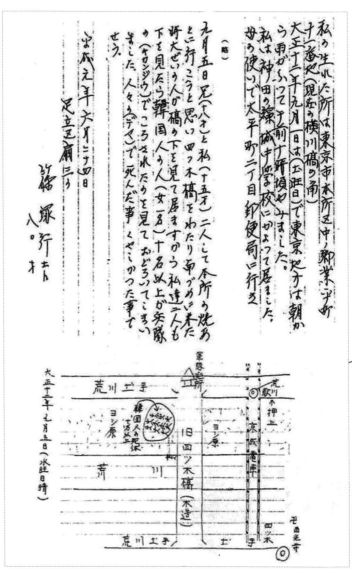

증언자가 직접 쓴 수기와 지도. 〈추도 모임〉이 넘겨받은 수기의 일부로 병사에게 살해된 사람들의 유체를 묻은 장소가 표시되어 있다. [이 내용은 시노즈카 씨의 수기이며 본문 증언과 겹치는 부분이 많다. ㅡ옮긴이]

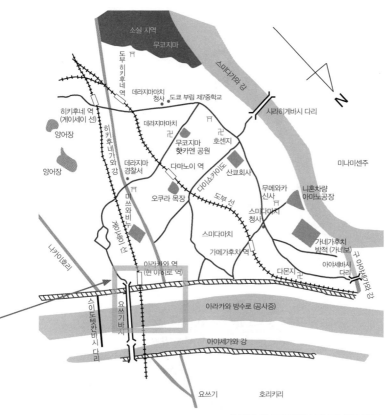

소실 지역

무코지마

돔부 히키후네 역

데라지마마치 청사

도쿄 부립 제7중학교

히키후네 역 (게이세이 선)

히키후네가와 강

데라지마마치

양어장

무코지마 핫카엔 공원

호센지

스미다가와 강

시라히게바시 다리

양어장

데라지마 경찰서

다마노이 역

산쿄회사

미나미센주

마쓰와비뉴

오쿠라 목장

도부 선

무메와카 신사

니혼차량 아마노공장

나카이홈리

스미다마치 청사

이라카와 역 (현 야히로 역)

스미다마치

가메가후치 역

가메가후치 방적 (가네보)

다몬지

아야세바시 다리

스이도텟칸바시 다리

요쓰기바시 다리

아라카와 방수로 (공사중)

아야세가와 강

요쓰기

호리키리

〈당시의 구 요쓰기바시 다리와 주변 지도〉
〈추도 모임〉 엮음, 『봉선화』, 87쪽 지도를 바탕으로 삭성

2장

1923년 9월,
지방으로 확산되는 악몽

유언비어는 기차를 타고

우에노 부근에서 드디어 기차가 움직이기 시작했습니다. 피난민들은 계속 모여들어 기차 보일러실 주변이나 지붕 위에까지 올라타고 있었구요. 그들이 계속 "지금, 우에노야마 언덕에서는 일본 육군과 조선인 사이에 내란이 일어났는데, 나라가 무너질까봐 계엄령이 선포되었다"는 식의 말을 하는 겁니다. 몸에 옷만 겨우 걸치고 피난을 나온 모습으로, 그럴싸하게 손을 휘두르면서요. 누군가 그런 말을 하면 다른 피난민들도 너나없이 말을 보탭니다. "나도 봤어", "응 나도 봤어", "기관총은 울리지. 소총소리가 계속 나지. 폭탄은 날아다니는데, 그 와중에 살인이 일어나고. 엄청난 상황이야. 벌집을 쑤셔 놓은 것 같았어"라구요.

— 사이타마 현 구마가야 주민 다케우치 세이지[1]

지진이 일어난 지후부터 많은 사람들이 산사태처럼 도쿄를 빠져나가 각지로 피난했다. 9월 20일까지 약 100만 명 이상이 도쿄를 떠났다고 한다. 운행을 재개한 기차도 초만원이어서, 피난민이 열차 지붕 위까지 빽빽했다. 철교나 터널을 통과할 때, 흔들리는 열차에서 떨어져 사망하는 경우도 흔했다고 한다.

피난민의 대이동은 고스란히 '조선인 폭동'이라는 유언비어와 학살의 확대로 이어졌다.

우선 기차와 기차역 자체가 학살의 무대가 되었다.

나쓰메 소세키의 제자이며 좌익계 작가로 알려진 에구치 간(1887~1975)은 지진 2개월 후인 11월, 『도쿄아사히신문』에 「기차에서 벌어진 일」이라는 수필을 썼다. 그는 지진 당시 도치기 현 가라스야마마치(현 나스카라스야마 시)에 있는 부모 집에 머물고 있었기에 피해를 면했지만 그 후 두 번에 걸쳐 도쿄에 들어갔고, 그 도중 자경단에 의해 살해당할 뻔한다. 「기차에서 벌어진 일」은 그가 9월 8일 도치기로 돌아오는 길에 도호쿠 본선의 열차 안에서 겪은 사건을 그리고 있다.

열차는 "지붕은 물론이고 열차 연결기의 위, 기관차의 보일러실 주위까지 마치 애벌레에 모여든 개미떼처럼 온통" 피난민으로 가득했다. 열차 안의 사람들은 다들 잔뜩 흥분한 채 그들이 어떻게 위험천만한 상황을 모면하고 도망쳐 나왔는지에 관한 이야기를 쏟아

---

1. 〈간토대지진 60주년 조선인 희생자 조사 추도 실행위원회〉 엮음, 『숨겨진 역사 증보 보존판』에 수록.

내고 있었다. 거기엔 조선인이나 사회주의자들에 관한 소문도 섞여 있었다.

기차가 아라카와 철교를 건널 때, 눈 아래로 조선인들의 사체가 떠내려가는 것이 보였다. "저것 좀 봐"라는 아우성이 여기저기서 터져 올랐고 열차 안은 "정체를 알 수 없는 광기의 함성으로 가득" 찼다.

사람들의 심란한 흥분이 잦아들 무렵 이번엔 한 재향군인과 상인이 싸우기 시작한다. 뭐 발을 밟았느니 어쨌느니 하는 이유다. 아무도 관심을 두지 않았지만 재향군인이 일어서 소리친 한마디로 인해 상황은 급변한다.

"여러분! 이놈은 선인이요. 뻔뻔스러운 놈. 이런 곳까지 숨어들어 오다니."

한순간에 모든 사람들이 벌떡 일어나고, 그들이 질러 대는 성난 목소리로 열차는 들끓기 시작한다.

"난 선인 아니래요. 선인 아니래요."

상인은 허둥대며 부정하지만 그를 둘러싼 군중들은 점점 격렬하게 남자를 추궁한다. 다음 역에 열차가 도착하자마자 그 남자는 창문 밖으로 끌려 나가 플랫폼에 대기 중이던 재향군인단에게로 던져지고, 그들의 주먹이 그 남자를 향해 일제히 쏟아진다.

"어이, 그런 짓 하지 마. 하지 마. 이 사람 일본인이야. 일본인이라구!"

에구치가 소리치지만 제재는 멈추지 않는다. 플랫폼의 군중 속 어딘가에서 도비구치가 날카롭게 번뜩이더니 다음 순간, 남자의 얼굴에서 붉은 피가 흘러내린다. 남자는 그대로 군중에 떠밀려 개찰구 너머로 사라진다.

"무방비의 소수자를 득의양양하게 학살하는 다수의 무기와 힘. 그 충실하게 용감무쌍한 '대일본의 혼' 앞에서 진심으로 모멸과 증오를 느끼지 않을 수 없었다. 특히 그 우매함과 비열함, 무절제에 대해서"라는 구절로 이 글은 끝을 맺는다.

에구치가 목격한 것과 비슷한 폭행의 기록은 무수하다. 많은 사람들이 간토 지방을 벗어나 북쪽의 도호쿠 지방 방면으로 피난했고, 그 와중에 조선인이나 조선인으로 오해받은 일본인들이 열차에서 끌려 나와 역 구내나 역 앞에서 살해되었다.

도치기 현에서는 우쓰노미야 역, 마마다 역, 고가네이 역, 이시바시 역, 오야마 역과 그 주변에서 무수한 조선인들이 폭행을 당했다. 도호쿠 본선 이시바시 역 구내에서는 9월 3일 밤 "하행선 열차 안에 숨어 있던 이름 모를 선인 두 명을 끌어내려, 마구 때려죽인" 사건도 있었다.[2] 5일 밤, 도치기 현의 히가시나스 역(현 나스시오바라 역) 앞 주재소 근처에서는 조선인 마달출과 함께 있던 일본인 미야와키 다쓰지가 살해당했다.

검찰 발표에 의하면 도치기 현 내에서 살해된 사람은 조선인 6명, 일본인 2명이며 조선인 2명, 중국인 1명, 일본인 4명이 중상을 입었다. 그리고 56명이 검거되었다.

2. 『上毛新聞』(조모신문) 1923년 10월 25일 자 기사 (『간토대지진 조선인 학살의 진상과 실태』에 수록).

오야마 역 앞에는 열차에서 내리는 피난민 중 조선인을 색출해 제재를 가하겠다며 3천 명의 군중이 모여 있었다. 이때 한 여성이 조선인에게 폭행을 가하려는 군중 앞에 양팔을 벌려 가로막고 선 채 "이런 짓을 하면 안 됩니다. 당신들, 우물에 독 타는 걸 보았던가요?"라고 호소했다는 일화가 남아 있다. 1996년, 〈조선인 강제연행 진상조사단〉의 조사는 이 여성이 1974년에 92세로 작고한 오시마 사다코였다고 밝히고 있다. 그녀는 근대 일본이 만들어 낸 국가 신도의 추종자가 아니라 기독교인이었다고 한다.

유언비어는 기차를 타고 피난민의 등에 업혀 널리 펴져 나갔다. 신문의 허위 기사가 이를 뒤따랐고 행정의 잘못된 대응이 뒤에서 밀어줬다. 이리하여 학살은 지진의 피해가 거의 없었던 도쿄의 서부나, 지바, 사이타마, 군마까지 확산되었다.

1923년 9월 4일 화요일 밤
구마가야 [사이타마 현 구마가야 시]

'만세' 소리와 함께

생사生死의 생부터 사까지 유코쿠지 절에서 전부 보았습니다. 절 마당엔 한 명의 조선인을 일본인들이 에워싼 그런 무리가 다섯 개 정도 생겼던 것 같아요. 그리고 죽일 때마다 "와! 와! 만세! 만세!"라는 환성이 울려 퍼졌습니다.

— 시바야마 고노스케3(구마가야 주민)

1923년 9월 4일 밤, 사이타마 현 구마가야 시 중심부의 절 유코쿠지에서 벌어진 광경이다.

3.『숨겨진 역사 증보 보존판』.

사이타마 현은 지진의 피해가 적었지만 도쿄에서 온 피난민들을 통해 조선인 폭동이라는 유언비어가 퍼졌다.

"도쿄에서는 지금 조선인과 일본 군대가 싸우고 있는데, 일본 군대가 많이 죽었고 조선인이 우세한 상황이래요."

이런 황당무계한 이야기조차, 몸에 옷만 겨우 두르고 도망쳐 나온 피난민의 입을 통해 나오면 절박한 신빙성을 띠었던 것이다.[4]

언제나 그렇듯 행정 당국은 이런 유언비어를 사실로 확인시켜주는 역할을 했다. 사이타마 현은 2일 각 군과 마을에 "도쿄에서 일어난 지진을 틈타 폭행을 일삼는 불령선인"이 사이타마에 들어올 가능성이 있으므로 재향군인회 등과 협력하여 유사시를 대비하라는 취지의 공문을 보냈다. 이에 따라 각지에서 자경단이 결성되었다.

덧붙이자면 사이타마 현에서는 도쿄에서 사이타마로 들어오는 길목에 위치하는 가와구치에 잠복하다가 현 내로 피난해 오는 조선인을 구속했다. 구속된 조선인들은 인접 지역인 와라비로 이송되었고, 더 북쪽 지역으로의 조선인 호송은 각 마을의 자경단에 위임되었다. 목적지는 군마 현의 육군 다카사키 연대가 아니었을까 싶지만 여전히 밝혀지지 않았다.

연행된 조선인들은 혹독한 늦더위 속에서 계속 걸어야만 했다. 가족을 데리고 있는 사람들도 있었다. 도중에 도망친 사람을 합쳐 10여 명이 살해되었다.

4. 같은 책.

최초의 학살이 일어난 자갈밭 부근(지치부 철도 건널목 주변)

와라비에서 오미야, 그리고 오케가와까지, 마을에서 마을로 넘겨지며 그들은 계속 걸었고, 4일 저녁에야 구마가야에 도착했다. 와라비에서 출발하여 50킬로미터, 30시간에 걸친 도보 행군이었다. 그들은 구마가야마치의 자경단에 넘겨질 예정이었지만 시내 중심부에서 마주친 현장의 상황은 이전의 마을들과는 전혀 달랐다.

구마가야의 읍내 중심부는 수천 명은 되어 보이는 사람들로 들끓고 있었다. 당시, 급속히 확장 중이던 구마가야의 인구는 약 2만 3천 명[현재 약 20만 명 - 옮긴이]. 한 집에 한 명은 반드시 자경단에 참가하라는 지시가 엄청난 수의 사람을 거리로 불러들였다. 도쿄의 원수를 갚겠다고 작정한 그들은 살기등등한 오합지졸을 이루고 있었다.

인수인계 장소였던 자갈밭 근처에 조선인 행렬이 들어서자 사람들이 우르르 몰려들었다. "우리 숙모나 형, 조카들을 이 조선인들이 죽여 버렸을 거란 말이지. 집도 불태웠을 거라고. 이놈들은 우리의 적이야!"라며 폭력을 부추기는 자도 있었다.[5] 20명 이상이 여기서 살해되었다.

구마가야 시에 거주하는 연구자 야마기시 시게루는 이때의 상황을 다음과 같이 묘사한다.

"시가지 입구에서 살육에 가담한 민중은 그 격앙 상태를 그대로 간직한 채 시가지로 들어왔다. 피 묻은 칼, 죽창과 몽둥이를 들고 그들은 도망친 조선인들을 찾아내어 죽였다. 그곳에서 자신을 지킨다는 의미의 자경이라고는 조금도 찾아볼 수 없었다."[6]

도망가지 않고 얌전히 밧줄에 묶인 채 연행되어 가던 사람들도 가차 없는 폭행을 당했다. 한 주민은 이렇게 증언한다.

"그때 저는 일본도를 들고나온 사람이 조선인을 베어 버리는 것을 바로 눈앞에서 보았습니다. 주변 사람들의 '하지마 하지마'라는 말에도 아랑곳없었습니다. 집에 있는 일본도를 들고나왔다면서, 이런 때가 아니고서야 언제 베는 맛을 경험해 보겠냐고. 그래서 칼을 썼다고, 그는 말했습니다."[7]

그들이 최종적으로 도착한 곳이 바로 심야의 유코쿠지 경내였다. 살아남아 있던 조선인의 대부분은 바로 이곳에서 "만세, 만세!" 소리 속에 살해되었다.

5. 『숨겨진 역사 증보 보존판』.
6. 야마기시 시게루, 『간토대지진과 조선인 학살:80년 후의 철저 검증』
7. 『숨겨진 역사 증보 보존판』.

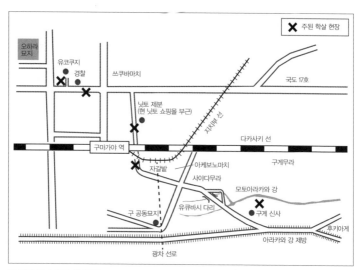

당시의 구마가야 역 부근

출처 : 〈간토대지진 60주년 조선인 희생자 조사 추도 실행위원회〉 엮음, 『숨겨진 역사 증보 보존판』(일조협회), 36쪽의 지도를 바탕으로 작성.

이때 살해된 조선인의 수를 40명에서 80명 정도로 추정하는 야마기시는 다음과 같이 말한다. "살해된 사람의 숫자조차 정확히 알 수 없는 상황이었다. 이름, 나이, 성별, 직업, 출신지, 그 어느 것 하나 알려져 있지 않다."

숨이 막힐 만큼 참혹한 학살이었다. 지진과 화재를 겪고 그로부터 도망쳐 나온 사람들의 폭력에 대해서라면 그나마 과잉 방위 의식이라든가 어디를 향해야 할지 모르는 분노 때문이었으리라고 짐작할 수 있다. 하지만 재해 지역에서 멀리 떨어진 지역의 사람들이 어째서 이렇게까지 잔혹해져야만 했던 것일까. 야마기시는 그 배경에 이 지역에 들어온 지 얼마 안 된 이주민의 과잉 충성심과 동조의식 등이 있었을 거라고 지적하고 있다.

유코쿠지의 묘지 오하라레이엔에 있는 조선인 희생자를 위한 공양탑

덧붙여, 야마기시는 소위 '자경단'에 대해 이렇게 말한다.

"자경단, 자경단원 중에는 자경을 넘어서, 학살과 조선인 학대를 즐기는 자들이 생겨났다. 앞에서 말했듯이 이들의 행동은 자기 보호를 위한 것이 아니었다. 단지 사회적으로 억압받고 있던 자들이 자신의 굴절된 마음을 약자에게 발산하기 시작한 것이다."

"상대인 조선인이 위험하지 않다는 것을 분명히 알고 있으면서도 폭력을 휘두르며 스스로의 스트레스를 발산시키는 순전히 약자를 겨냥한 가혹행위였다."

"(자경을 표방한 그 폭력의) 대상은 자신을 공격할 수 있는 자가 아니라 자신보다 약한 자여야만 한다. 그런 약자라면 누구든지 상관없이 공격 대상으로 삼는다는 것이다."[8]

이는 구마가야에서의 사건에 대해서라기보다 자경단 일반에 대해 쓴 글이다. 여기에 그려진 것은 특정한 시대나, 국가, 지역과 관계없는, 인간이 보편적으로 가진 추악함에 불과하다고 말해 버릴 수 있을지도 모른다. 하지만 증오 언설hate speech이 인터넷상에 난무하고, 인종주의자들이 "조선인은 모두 죽여 버려라"라고 소리치며 거리에 나오는 현재의 일본에서 이 묘사는 묘한 설득력을 가진다.

다시 1923년 9월의 구마가야로 되돌아가자.

읍내 이곳저곳에 방치된 유체는 무더운 날씨 속에서 부패하여 냄새를 풍기기 시작했다. 들개들이 이를 뒤지고 다녔다. 버려진 채 누구도 돌보지 않던 이들의 유체를 조용히 수습하여 화물차에 실어다 들판에서 불태운 것은 한 명의 화장 인부와 읍의 조역(읍장의 보좌관)이었던 아라이 료사쿠였다고 한다. 아라이는 그 후 구마가야 시의 초대 시장이 되었으며 1938년에는 조선인 희생자를 위한 공양탑을 건립하였다. 공양탑은 지금까지도 보존되어 있으며, 1995년 이후 매년 구마가야 시 주최로 추도식이 거행되고 있다.[9]

구마가야만이 아니었다. 야마기시의 정리에 따르면, 4일에 일어난 혼조 시 학살(100여 명 안팎으로 살해됨)이나 진보하라무라(현 가미사토마치)에서 42명이 살해된 사건 등, 사이타마 현 내에서 살해된 조선인만 해도 200명이 넘는다. 이에 대한 공판이 열렸고, 지진이 일어난 지 두 달 후인 1923년 11월에는 그 판결이 나왔다. 징역 4년이 한 명, 징역 2, 3년이 20명, 집행유예가 95명, 그리고 무죄가

8. 『간토대지진과 조선인 학살 : 80년 후의 철저 검증』.
9. 이 공양탑에 새겨진 비문에는 구체적인 사건의 내용은 물론, 살해된 것이 조선인인 자 아닌지조차 자세히 적혀 있지 않다고 야마기시는 지적한다.

두 명이었다. 그러나 증인으로 출석했던 혼조 경찰서의 순사는 다음과 같이 술회한다. "검사는 학살의 상황을 건드리지 않으려 애쓰는 듯했다. 처음부터 끝까지 사건 현장을 목격한 나에게 질문 한 번 던지지 않았다"고.[10] 결국, 처음부터 제대로 된 재판이 아니었다.

2일 발표된 현의 공문이 참사의 빌미를 제공했다는 것은 명백하다. 그 사실은 사건 직후 미디어에 의해서도 지적된 바 있다. 하지만 당시 사이타마 현 내무부장은 이에 대해 강경한 입장을 취했다. "평상시라면 모르겠지만 그 당시 상황에서 그 정도로 경계를 취한 것은 오히려 바람직했다고도 생각한다."[11] 이것이 그가 한 말이었다. 책임은 어디론가 사라지고 만 것이다.

유언비어와 학살은 사이타마에서 더 북쪽으로 올라간다. 5, 6일에 군마 현의 다노 군 후지오카초(현 후지오카 시)에서는 후지오카 경찰서에서 보호 중이던 조선인 17명이 경찰서에 난입한 군중에 의해 살해되는 사건도 일어났다. 시인 하기와라 사쿠타로(1886~1942)는 당시의 노여움을 시로 표현했다. 그가 쓴 시를 이 책의 서시序詩로 올려 두었다.[12]

---

10. 기타자와 후미다케 편저, 『다이쇼의 조선인 학살 사건』.
11. 『도쿄니치니치신문』 1923년 10월 24일 자, 『숨겨진 역사 증보 보존판』에 수록.
12. [옮긴이] 하기와라 사쿠타로는 1917년에 첫 시집 『달에 울부짖다』로 화려하게 등단한 시인이다. 간토대지진이 일어난 해 1월에는 시집 『우울한 고양이』를 펴냈다(『우울한 고양이』, 서재곤 옮김, 지만지고전천줄, 2008). 서시의 각주에서도 언급하고 있듯이 그는 도쿄에서 대학을 다니다가 중퇴한 후 1914년부터 고향 군마로 돌아와 활동하고 있었다. 다이쇼 시대를 대표하는 문학자의 한 명으로 일본의 자유시를 확립했다는 평가를 받는다.

제물이 된 16명

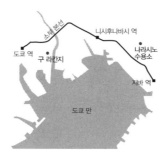

지바가이도 대로에는 조선인이 네 줄로 줄지어 서 있었습니다. 어림잡아 1천 명은 되는 것 같았습니다. 가메이도 경찰서에 일시 수용되어 있던 사람들입니다. 헌병과 병사를 어느 정도 딸려서 나라시노 쪽으로 호송할 참이었습니다.

물론 걸어서 가고 있었습니다. 줄에서 벗어나면 구타를 당하고, 아무튼 포로와 마찬가지로 사람 취급을 받지 못했습니다. (중략) 저는 당시 한창 순진한 나이였습니다. 이 사람들이 정말로 나쁜 일을 했을까 싶기도 하고, 딱하기도 하고, 여러모로 이상한 기분이 들었습니다. (중략)

여기(라칸지 절 옆의 대중목욕탕 앞)까지 왔을 때, 철사에 묶인 채 끌려온 조선인은 8명씩 두 줄, 그러니까 16명이었습니다. 방금 말한 그 사람들 중의 일부지요. 두어 명쯤의 헌병과 순사 네다섯 명이 붙어 있었지만 그 뒤를 줄줄 쫓아오는 군중들이 격앙된 어조로, 소리 지르고 있었어요. "넘겨! 우리의 원수를 넘겨!"라구요.

그러자 헌병들은 조선인을 대중목욕탕에 넣었습니다. 일단 군중을 쫓아 버리려는 거였지요. 무서운 일이 벌어질까 싶은 불안한 마음으로 따라왔던 저는, '아 여기서 보호하다가 나라시노(수용소)로 보내려 하는구나. 잘 됐다'라고 생각했습니다. 그만 돌아갈까 하는데 몇 분 안 돼서 떠들썩한 소리가 들렸습니다. "뒷문에서 나왔다! 나왔어!"라구요.

무슨 일인가 싶은데, 군중과 자경단이 우르르 몰려가더군요. 목욕탕 뒤쪽은 묘지였는데 다른 곳보다 한 층 낮은 지대에 물이 고여 있었어요. 군대도 순사도 뒷일은 알아서 하라는 식으로 자취를 감춘 뒤였습니다. 뭐 그 뒤는 베고, 찌르고, 때리고, 차고. 총이 없었을 뿐 차마 눈 뜨고 볼 수 없는 참혹한 광경이었습니다. 그렇게 16명 모두 죽여 버렸습니다. 5, 60여 명의 사람들이 한데 뭉쳐서. 반 광란의 상태로.

(중략) 마침 오후 4시 반쯤 되었을까. 흘러내린 피에 석양이 비치던 그 광경이 60여 년이 지난 지금까지 눈에 선합니다. 자경단뿐이 아니었습니다. 사람들, 그냥 사람들, 몸에 문신을 한 사람이나

아닌 사람이나 함께 "이놈들이 했어"라며 정신없이 저지른 짓입니다.

— 우라베 마사오[13]

이는 1장의 첫 부분 「매그니튜드 7.9」에 소개한 당시 16세의 우라베 마사오가 목격한 광경이다. 당시 라칸지는 지금의 니시오지마 역(도에이 신주쿠 선) 부근에 있었다. 조금 이해하기 힘들지만 우라베의 증언은 이러하다. 1천 명에 가까운 조선인 무리를 나라시노 수용소로 이송하는 도중, 헌병들이 그중 16명만을 골라내어 대중목욕탕 건물에 넣는다. 그러고는 뒷문으로 '풀어 줌'으로써, 군중들이 내키는 대로 그들을 죽이도록 내버려 두었다는 말이다.

우라베 마사오는 당시 완전히 불타 버린 혼조에서 탈출해 오지마에 사는 지인의 집에 피난해 있던 차였다. 지진 당일 헤어졌던 아버지와는 다음 날 무사히 다시 만날 수 있었지만 형은 행방불명이었다. 그래서 우라베와 그의 아버지는 매일 사방을 돌아다니며 형을 찾고 있었다.

그렇게 형을 찾아 돌아다니던 중에 우라베는 몇 번이나 조선인 학살의 현장을 목격한다. 3일 아침에는 오지마의 마루하치바시 다리 밑에서 군에 의해 사살된 20명의 조선인을 보았다. 그들은 손이 등 뒤로 돌려져 전선줄에 묶여 있었다. 한 남자는 아직 숨이 붙

13. 〈추도 모임〉 엮음, 『바람이여 봉선화 노래를 실어 가라』.

어 피를 토하는 채였다. 옆에 새로 만든 신카이바시 다리에서도 총살된 사체 열 구를 보았다. 다음 날인 4일에는 화염 선풍으로 불타 죽은 사체들로 온통 덮여 있는 육군 피복 공장터(현 요코아미초 공원)에서 남자들이 네 명의 조선인에게 석유를 뿌리고 산 채로 불태우는 것을 보았다. 그들은 "이놈들이야. 이놈들이 우리 형제 부모 자식을 죽였어"라고 소리치고 있었다.

그런 학살을 계속 목격해 온 터라 나라시노로 이송되는 조선인 행렬을 보았을 때 우라베는 적어도 이제는 조선인들이 살해당하지는 않겠다고 내심 안심했다. 하지만 학살은 또 일어났다.

3일 이후, 정부와 군, 경찰은 당초 사실로 판단한 '조선인 폭동'이 애당초 존재하지 않았다는 걸 인정하고 궤도 수정을 도모하고 있었다.

제1사단 사령부가 조선인을 나라시노로 이송하라고 결정한 것은 전날인 4일 오후 4시였다. 같은 날 오후 10시에 구체적인 명령이 전달된다. 내용은 1차 세계대전 시 전쟁 포로를 수용했던 나라시노 수용소에 조선인을 수용할 것, 각 부대는 "적당한 시기를 보고" 경비 지역 내의 조선인을 '수집'하여 이송하라는 것이었다.

조선인을 나라시노에 집중 격리하는 것은 자경단에 의한 학살이 더 이상 확대되지 않도록 하기 위한 조치였다. 지진 다음 날 취임한 야마모토 곤노효에 수상은 5일, 「지진 재해에 당면하여 국민의 자중自重에 관한 건(조선인의 소위所為에 대한 단속에 관한 건)」이라는 내각고유內閣告諭 14를 내고 국민에게 폭력을 자중할 것을 당부한다.

"민중 스스로 무분별하게 선인에게 박해를 가하는 등의 행위는 일선동화日鮮同化의 근본주의에 어긋날 뿐만 아니라 다른 나라들에 보도되었을 때 결코 좋은 일이 아님."

경찰이나 군이 아니라 민중들 스스로가 조선인을 박해하는 것은 한국을 병합한 일본의 '선의'에 반할 뿐 아니라 외국으로 보도될 경우 바람직하지 않다는 내용이다. 요컨대 학살 사실이 국외에 보도되어 일본에 불이익이 생길 것을 두려워하고 있었다.

중국인들도 나라시노로 이송되었다. 9월 17일 수용 인원수가 가장 많았을 때의 기록에 의하면 3천 명 이상의 조선인과 약 1천 7백 명의 중국인이 수용되어 있었다.

오지마마치에서 일어난 중국인 학살에 대해서는 앞에서 이미 말한 바 있다(75쪽). 오지마에 있던 중국인 노동자 중 학살당하지 않고 살아남은 수백 명은 이 명령으로 전원 경찰에 붙들려 나라시노로 보내진다. 오지마에서 중국인의 자취는 사라지고, 텅 빈 중국인 숙사는 그대로 일본인 노동자의 숙사가 되었다.

소년 우라베가 목격한 것은 전날 밤 명령을 받고 나라시노로 이송되던 조선인들이었다. 그렇다면 왜 그 16명만이 도중에 풀려나 자경단의 제물로 바쳐졌을까.

『간토대지진 학살의 기억』에서 강덕상은 군과 경찰의 실태를 너무나 잘 알게 된 사람들을 따로 처분한 것이 아닌가라고 추측하고 있다.

---

14. [옮긴이] 내각고유란 국민을 향한 내각의 성명이다. 고유는 말하고 타이른다는 뜻.

그럴지도 모른다. 그러나 훨씬 더 하찮은, 도무지 말도 안 되는 이유로 선택되었을지도 모른다. 어쨌든 그들 16명은 '보호'라는 미명 하에 이송되던 도중 자신들과는 전혀 상관없는 변덕스러운 사정으로 인해 참혹하게 살해당했다.

우라베는 그날까지 51명의 조선인이 죽어 가는 것을 보았다.

"내 눈동자 앞에서 50여 명, 이유 없이 죽어 가는 사람들을 보았네."

우라베가 훗날 읊은 시다.

이틀 후, 우라베는 형과 재회한다. 가족 전부 무사히 합류할 수 있어 다행이었지만 우라베 일가는 전 재산을 잃었다. 우라베는 부모와 헤어져 어느 가구 가게에 도제로 들어가고 그 후 가구 장인의 길을 걷게 된다.

어느 이웃의 죽음

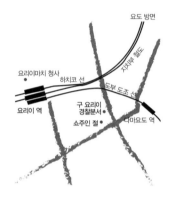

지진이 일어난 후, 사이타마 현 서부에 위치한 요리이마치에는 의사들이 역에 구호소를 설치하고 자리를 지키고 있었다. 도쿄에서 피난해 오는 이재민을 구호하기 위해서였다. 그런 의사들 중 한 명이었던 아라이 유는 9월 5일 요리이 역 앞에서 사람들에게 음식을 나눠 주면서 몸 상태가 안 좋은 분은 없으시냐고 묻고 있었다.

아라이는 마침 역 앞을 지나가던 한 명의 젊은이에게 음식을 권한다. 아라이가 내민 초밥을 덥석 집어 들고 우적우적 먹는 그에게 아라이의 동료 의사 시미즈가 "이제 어쩔 거냐"고 묻자, 그는 이렇게 답한다.

"지금 10엔 있어요. 그거 다 쓰고 나면 어떻게 될지 몰라요."

이 한마디가 지금까지 남아 있는 그의 유일한 육성이다. 그의 이름은 구학영. 요리이에서 엿을 팔며 돌아다니던 28세의 젊은이였다.

당시엔 전국 어디서나 '조선 엿장수'라고 불리는 사람들을 볼 수 있었다. 그들은 커다란 상자를 멜대에 걸어 메어 짊어지고는 조선 인삼이라는 말에 독특한 가락을 실어 주의를 끌며 아이들에게 엿을 팔러 돌아다녔다.

"조~선 인사~암, 인삼 엿~! 조선 엿 사세요"

간단한 묘기를 보여 주는 경우도 있었다고 한다. 공사장에서 인부로 일하던 조선인들이 공사가 끝나 일이 없어지면 엿장수가 되기도 했다. 자본이 거의 없어도 시작할 수 있는 장사였기 때문일 것이다.

구학영이 요리이에 모습을 드러낸 것은 2년 전. 그 전에 어디서 무얼 하고 있었는지는 알 수 없다. 그 또한 공사장 인부로 일을 했을지도 모른다. 지진 당시에는 요리이 역 남쪽에 있는 정토종 사원 쇼주인 옆의 싸구려 여관에 혼자 살고 있었던 것 같다. 몸집이 작고 마른 체형으로 온화하고 착한 젊은이였다고 한다. 큰 소리로 외치며 돌아다니는 그를 마을의 모든 사람들이 알고 있었다.

그가 지니고 있던 10엔은 지금 일본 돈의 가치로는 수만 엔에 상당한다.[15] 가난한 엿장수에게는 적은 액수가 아니었을 것이다. 그럼에도 불구하고 그가 어떻게 될지 모르겠다고 대답한 것은 분명

---

15. [옮긴이] 한국 돈으로는 수십만 원에 해당한다.

요리이의 중심가 거리

밖에서 돌아다니며 장사하는 것이 불안했기 때문일 것이다. "이제 어쩔 거냐"는 시미즈의 질문 또한 그러한 상황을 인지한 말이었을 게다.

지진 이후에도 요리이의 거리는 평화로움 그 자체였다. 도쿄의 피난민들이 전하는 유언비어와 자경단 결성을 요구하는 현의 공문 때문에 일단은 소방단원들이 자경단으로 옷을 갈아입고 있었지만, 그들은 그저 다리 옆에 앉아 있을 뿐 어떤 일도 저지르지 않았다. 구학영에게 해를 끼칠 만한 사람은 없었다.

그럼에도 불구하고 구학영은 불안을 느끼고 있었다. 전날 구마가야에서 몇십 명의 조선인이 아무 이유 없이 학살되었다는 소식이 이미 그의 귀에까지 들어갔는지도 모른다. 유부초밥을 다 먹은 그는 요리이 경찰분서로 가서 '보호'를 구하기로 한다. 그렇다고는 해도 당장 신변에 위험이 닥칠 것이라고 생각하지는 않았던 것 같다. "아무 일도 안 하면서 놀고 있으면 미안해서"라고 멋쩍게 웃으면서 말한 그는 경찰서 내 부지에 난 풀을 뽑으며 시간을 때우고 있었다고 한다.

인근 요도무라 마을(현재 요리이마치로 합병됨)의 분위기는 요리이와 사뭇 달랐다. '불령선인'의 습격에 대처해야 한다는 긴장이 부풀어 오르고 있었다. 전날 구마가야 등에서 벌어진 참극이 빚어낸 '고양감'에 감염된 것이다.

사건은 그날 누군가 수상한 남자를 붙잡아 오면서 시작된다. 자경단은 그 남자를 면사무소로 연행했다. 드디어 진짜 '불령선인'을 잡았다는 흥분에 100명 이상이 모여들었지만, 취조 결과 그 남자는 혼조 경찰서 경위로 밝혀졌다.

사람들이 실망해 있는 와중에 한 명의 남자가 면사무소 담에 올라가 연설을 시작한다.

"요리이 여관에 진짜 소선인이 있다. 죽여 버리자!"

새로운 적을 찾아낸 사람들은 손에 일본도, 도비구치, 몽둥이를 들고 요리이마치를 향해 밤길을 달려갔다. 도중에 다른 마을 사람들도 합류하면서 그 세력은 크게 불어났다.

구학영은 이미 여관에 없었다. 요리이 경찰분서에서 그를 보호하고 있다는 사실을 알게 된 사람들은 경찰분서로 몰려들었다. 조선인을 내놓으라고 소리치는 그들 앞에 호시 류조 서장과 세 명의 경찰이 나와 설득하기 시작했다. 그 사이 요리이의 유력자인 〈재향군인회〉 사카이 다케지로 중위도 달려와서 "여기 있는 조선인은 선량한 엿장수"라고 호소했다. 그러나 흥분한 사람들의 귀에 이런 말들은 들리지 않았다. 군중은 서장과 그 부하들을 죽창으로 위협해 물리치고 경찰서 안으로 달려들었다.

구학영은 유치장 안으로 도망쳤지만, 남자들은 창살 사이로 일본도와 죽창을 찔러 넣었다. 구학영은 울고 소리치면서 감옥 속에서 도망 다녔다. 얼마 후 구학영이 피를 흘리며 쓰러지자 남자들은 그의 몸을 질질 끌어 현관 앞으로 옮겼다. 구학영은 그곳에서 기다리고 있던 군중에게 다시 한 번 폭행을 당한 후 목숨을 잃었다.[16] 6일 심야 2시에서 3시 사이에 일어난 사건이다. 사람들은 죽은 구학영을 그 자리에 방치하고 마을로 돌아갔다.

사건 다음 날 아라이 의사가 경찰서에 갔을 때 거기엔 멍석에 덮인 구학영의 유체가 있었다. 검사를 해 보니 모두 62곳에 상처가 있었다. "뭐랄까요. 조금씩 조금씩 계속 괴롭힌 것처럼 보이는, 연달아 만들어진 심한 상처들이었습니다"라고 아라이는 증언했다.

10월 요도무라 마을의 자경단 12명이 체포되어 기소되었다. 피고인 중 한 명은 법정에서 "유치장 안에 있는 사람이니까 나쁜 일을 한 선인이라고 생각해서 때렸다"고 변명했다.

구학영의 유체는 미야자와 기쿠지로라는 안마사가 수습해 가져

---

16. 구학영이 유치장 속으로 도망쳤을 때, 옆에 있던 어떤 포스터 위에 자신의 피로 '罰日本 罪無'라고 쓴 것을 보았다는 증언도 있다(『다이쇼의 조선인 학살 사건』, 이 책은 위의 증언을 소개하며 구학영이 썼다는 한자의 의미는 "일본인, 죄 없는 자를 처벌하다, 라는 항의의 의미가 아니었을까"라고 해석하고 있다.)

갔다고 한다. 요리이에 있는 절 쇼주인에 지금도 구학영의 묘가 남아 있다.

묘비 정면에는 "感天愁雨信士"(하늘을 느끼고 비를 슬퍼하는 부처의 신도)라는 법명이, 오른쪽 면에는 "다이쇼 12년 9월 6일 사망, 조선 경남 울산군 상면 산전리 거주, 속세 이름 구학영具學永, 향년 28세"라는 문구가, 왼쪽 면에는 "상주 미야자와 기쿠지로 외 뜻있는 자들"이라는 문구가 새겨져 있다. 구마가야에 거주하는 연구자인 야마기시 시게루에 의하면 학살 희생자로 이름과 출신지가 알려져 있을 뿐 아니라 법명까지 있는 경우는 매우 드물다고 한다. "그만큼 (구학영과) 지역 주민 사이에 일상적인 유대 관계가 성립되어 있었던 것"이라고 그는 기술한다. 요리이의 주민들에게 구학영의 죽음은 이름과 개성을 가진 이웃의 죽음으로 받아들여졌던 것이다.

요리이 경찰분서의 참극이 드러난 6일, 계엄사령부는 "조선인에 대해 그가 선한지 악한지와 무관하게 난폭한 대우를 절대로 삼가라", "조선인에 대한 폭행으로 스스로 죄인이 되지 마라"는 강한 어조의 '주의'를 발표한다. 더불어 "확인되지 않은 말을 퍼뜨리면 처벌한다"는 전단지 10만 장이 각지에 배포되었다. 이 시점에 이르러서야 정부 및 군대는 유언비어에 대해 확실히 부정적인 태도를 취하기 시작한 것이다.

그렇게 9월 1일부터 이어진 유언비어와 학살은 비로소 수습되기 시작했다. 하지만 참극의 여파는 계속되었다.

정면에 "하늘을 느끼고 비를 슬퍼하는 부처의 신도"(感天愁雨信士)라고 써 있는 구학영의 묘비(요리이 쇼주인). 오른쪽 옆면에는 "구학영"(具學永)이라고 새겨져 있다.

고엔지의 '반달 할아버지'

와세다도리 거리

간나나
(도쿄
순환도로   나카노 사계절의 도시
7호선)   (구 전신 제1연대)

고엔지 역   주오 본선   나카노 역

윤극영 씨(서울 출신)는 지진 당시 21세였다. 1921년 동양 음악 학교에 유학한 그는 동포 유학생들과 함께 고엔지에 하숙하고 있었다.

지진 후 도심이 대체 어떤 상황인가 궁금했던 그는 호기심에 긴자 근처로 나가 밤새도록 걸어 다녔다. 2일에는 어딘가의 주먹밥 배급 줄에 서 있다가, 조선인 노동자가 끌려 나가 얻어맞는 것을 목격했다. 검문을 받았지만 일본어로 대답하지 못했던 것이다. 이런 장면을 그는 여러 번 보게 된다. 돌아오는 길에 그가 목격했던 "조선인이 일본인을 죽이려고 우물에 독을 넣고 있다"거나

"온갖 범죄를 저지르는 조선인을 쫓아내자"라고 쓰인 벽보는 시간이 지날수록 점점 늘어갔다. 윤 씨도 몇 번인가 검문을 당했지만, 일본어가 유창했을 뿐 아니라 일본 학생과 다름없는 분위기를 지니고 있었기 때문에 무사히 벗어날 수 있었다.

일단 하숙집으로 돌아왔지만 계속되는 여진 때문에 이후 며칠 동안 근처 대밭에서 노숙을 했다. 다른 유학생 17명과 함께였다. 나카노에는 전신 제1연대가 있었는데, 그곳 소속의 병사 7, 8명이 느닷없이 그들에게 들이닥쳤다. "너네 조선인이지? 우물에 독을 넣은 적이 있느냐"고 심문하기에 "그런 일은 하지 않았다"고 말했지만 거짓말하지 말라며 두세 명을 때렸다. 병사들은 하숙집까지 찾아와 방안을 샅샅이 뒤졌다. 그 시대의 학생이라면 누구나 아리시마 다케오의 책 한 권 정도는 가지고 있었는데, 빨간 글씨로 적힌 『사랑은 아낌없이 빼앗는다』라는 제목을 보고는 "공산당"이라며 총칼로 위협해 그들 전부를 전신부대로 연행했다.[17] 그들은 거기서 '보호'라는 명목으로 2~3일간 구류된 채 조사를 받았다.

이후 집으로 돌아왔지만 차라리 군대에 있는 편이 안전했다 싶을 정도로 주위는 뒤숭숭했다.

　　　　　　　　　　　　　　　　　　　　　　　　　　—『봉선화』

　　윤극영의 이 증언은 『봉선화』에 실려 있다. 앞서 언급한 〈추도 모임〉이 한국에서 일본 유학 경험자들로부터 수집한 내용의 일부이다.

이어지는 증언에 의하면, 이후 한 남자가 그들을 찾아와 머리를 숙였다고 한다. 옥과 돌멩이를 혼동했다면서. 여기서 '돌멩이'란 조선인 노동자를 가리키는 말이었다. 군에서도 '오해하지 말아 달라'는 말을 전하러 찾아왔다고 한다. 말하자면 유학생 중에 조선 유력자의 자제가 많았던 터라 함부로 부상이라도 입혔다가는 나중에 난처하게 될 수도 있다는 인식이 있었던 것이다.

많은 증언자들이 공통적으로 "노동자들이 살해되었다. 우리는 유학생이었기 때문에 살아남을 수 있었다"고 말한다. 거기에는 체계적으로 일본어를 배우지 못한 노동자들의 경우 "검문을 당했을 때 그 자리를 모면하기가 더욱 어려웠다"는 이유도 있다. 일을 찾아 여기저기 옮겨 다니며 살아야 했던 터라 많은 경우 지역의 일본인과의 관계도 얕을 수밖에 없었을 것이다.

1920년대 일본으로 건너온 조선인 대부분은 노동자였으며 유학생의 수는 적었다. 게다가 유학생이 살던 곳은 현재 스기나미 구, 도시마 구, 신주쿠 구, 분쿄 구 등 도쿄 서부의 교외 지역으로 지진 피해도 비교적 적은 곳이었다.

고엔지는 오늘날 주오선 문화[18]의 '성지'로 젊은이들에게 인기가

---

17. [옮긴이] 아리시마 다케오는 삶과 죽음의 고뇌에 대한 저작을 남긴, 다이쇼 시대를 대표하는 문학자 중 한 명이다. 아리시마와 시라카바(白樺)파에 대해서는 구라카즈 시게루 지음, 『나 자신이고자 하는 충동』(한태준 옮김, 갈무리, 2015)을 참조.

18. [옮긴이] 주오 선으로 연결되는 나카노, 고엔지, 기치조지, 고쿠분지 등의 역(驛)은 비교적 집값이 싼 한편, 1960년대 저항 문화의 중심지였던 신주쿠와 이어진다. 그런 이유로 1970년대 이후 이 지역에 비주류적인 예술, 음악, 생활 운동을 하는 청년들

높다. 내가 아는 한국인 친구들에게도 그렇고, 다른 외국의 젊은이들에게도 인기가 있다. 그러나 이 고엔지 역시 그해 9월 조선인에게는 생명의 위험을 느낄 만큼 '뒤숭숭한' 곳이었다. 여기서 누가 살해되었다는 기록은 없다. 그러나 아무도 살해되지 않았다고 단언할 수도 없다. 윤극영 등이 연행되었던 전신 제1연대가 있었던 곳은 현재의 나카노 역 북쪽의 '나카노 사계절의 도시'(경찰학교 터를 재개발한 신도시 지역)이다.

윤극영은 이후 일생 동안 동요를 중심으로 600곡 이상의 노래를 만들었다. 한국에서는 모르는 사람이 없는 국민적 작곡가로 1988년까지 살았다. 대표작인 노래 〈반달〉 때문에 반달 할아버지라고 불리던 그의 노래는 지금까지도 사랑받고 있다. 한국 미디어에 따르면, 그가 말년을 보낸 서울 자택이 '반달 할아버지의 집' 기념관으로 지정되어 2014년에 공개될 예정이라고 한다.

이 모여들어 "주오선 문화"로 일컬어지는 대항/하위문화 지역이 형성되었다. 2000년대에 들어서는 고엔지를 중심으로 새로운 형태의 청년 빈민 운동이 활성화되기도 했다.

1923년 9월 9일 일요일 오전
이케부쿠로 [도쿄 도 도시마 구]

저기 조선인이 간다!

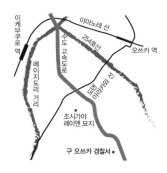

9월 2일 아침에 하숙집(당시 나가사키무라에 위치. 현 센카와, 다카마쓰, 지하야, 나가사키 부근)을 나서려 하는데 이웃사람들이 말렸다. "이 군! 조선인들이 우물에 약을 타거나 불을 질렀다고 모두 죽인다니까 나가지 마세요"라는 것이었다. "그런 짓을 한 사람이라면 죽어도 할 수 없죠. 전 그런 짓 안했으니까 괜찮아요"라고 말하며 충고를 흘려들은 것이 실수였다.

조시가야를 지나던 중에 피난민에게 길을 물었더니 다짜고짜 "조선인이다!"라고 외치며 나를 때렸다. 작업용 신발을 『동아일보』로 감싸고 있었는데, 거기 노루 사냥에 관한 기사에 '총'이라

쓰인 한자를 보고 수상쩍게 여긴 것이다. 결국 청년들에 의해 오쓰카 경찰서로 연행되었다.

"경찰서에서도 말도 안 되는 일투성이었다. 내일 죽인다, 오늘 죽인다, 막 그런 말들이 나도는데. 믿을 수밖에 없는 게 거의 반쯤 죽은 사람들이 어디선가 계속계속 들어오더라고. 아 이러다가 나도 죽겠구나 싶었다. 뭐 그때 너무 맞고 허리가 고장나서 계단도 오르내리지를 못한다."(이 씨)

일주일인가 9일인가 지난 후에 "당신 집은 그대로니까 돌아가고 싶으면 돌아가라"라는 말을 들었다. 나는 불안했지만 경찰서에서는 안전하다고 괜찮다면서 저녁 6시경 나를 내보냈다. 이케부쿠로 부근에서 길을 잃었는데 일반 사람에게 물어봤다가 잘못하면 큰일이 날 것 같았다. 고민 끝에 지나가는 아가씨에게 물었더니 가르쳐 주고 나서는 "저기 조선인이 간다!"고 소리를 지르더라. 청년들이 쫓아왔지만 빠른 걸음으로 걸어갈 수밖에 없었다. "조선인이 간다!"라고 외치는 소리가 크게 들려왔다.(중략)

파출소가 눈에 들어오길래 뛰어들어가 순사에게 매달렸다. 청년들이 파출소 안에까지 따라 들어와 나를 들볶으며 걷어찼다. 경찰관에게도 맞았다. 오쓰카 경찰서에서 받은 감기약을 보고는 독약이라며 몰아세웠다. 직접 먹는 걸 보여주었더니 그제야 겨우 믿고 내보내 주었다. 마을에 도착하자 이웃 아가씨들이 "잘도 무사히 돌아오셨네요"라고 하면서 목욕물을 데워 주고 저녁을 차려 주었다.

—『봉선화』

당시 도쿄 물리 학교(현 도쿄 이과 대학) 학생이던 이성구 씨의 경험담이다. 나중에 조선으로 돌아와 교육자로 일하기 시작한 후에도, 뒤에서 학생들이 달려오는 소리를 듣거나 하면 몸이 경직되었다고 한다.

이 또한 〈추도 모임〉이 한국에서 모은 증언을 풀어쓴 것이다. 그 외에도 몇 개의 증언이 더 실려 있는데 하나만 더 소개하겠다.

결혼을 약속한 사이였던 남편 도상봉 화백을 따라 일본으로 건너온 나상윤 씨는 당시 20세였다. 혼고 구 유미마치의 영락관이라는 고급 하숙집에서 지냈다. 일이 터지자 주인은 가장 구석에 있는 방에 그들을 숨겨 주었고, 숙박인 명부를 보여 달라고 요구하는 청년단도 되돌려 보냈다. 친분이 없던 이웃집 일본인 부인들도 "밖으로 나가면 위험하다"며 통조림을 사와서 전해 주었다.
(중략)
하숙집 창문으로 밖을 내다보는데, 집 앞을 지나가는 청년들의 목소리가 들렸다. 산에서 수행자나 순례자 들이 들고 다니는 나무지팡이 같은 것을 들고 지나가던 그 청년들은 간다에서 조선인 임산부의 배를 찔렀더니 그녀가 "아버지! 아버지!"라고 소리치

더라는 말을 했다. 그들은 "아버지라는 게 대체 무슨 뜻이지?"라
고 웃으면서 이야기하고 있었다고 나상윤 씨는 전한다.

―『봉선화』

무사시노 숲 속에서

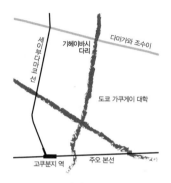

지진이 일어나면 반드시 화재가 뒤따른다. 간토대지진 때도 마찬가지였다. 화재가 발생하면서 도쿄 전체가 불바다가 되었고, 9월 1일 밤에는 도심에서 30킬로미터 가까이 떨어져 있는 고다이라에서도 동쪽 하늘이 새빨갛게 되어 활활 타오르는 불길까지 보일 정도였다고 한다.[19] 당시 도쿄의 주택은 대부분 목조 단층집으로 불에 타기 쉬운 건물들이었기 때문에 도쿄 전체는 순식간에 불바다가 된 것이다. 다음 날인 9월 2일에도 동쪽 하늘은 여전히 저녁놀처럼 붉게 물들어 있었을 정도였다.

그런 와중에 누가 어디서 어떻게 말을 꺼냈는지 모르겠지만 엄청난 유언비어가 돌아다니기 시작했다. "외국인이 강에 독을 던져 넣어 물을 마실 수 없게 되었다"든지 "도쿄에 불을 지른 것은 ○○외국인이라든지", 말도 안 되는 유언비어가 나돌고 큰 소동이 일어났다. "그 패거리가 곧 고다이라까지 몰려올 것"이라는 소문에 사람들은 공포에 빠져들었다. 어떻게든 이를 막아 내야 한다고, 메구리타신덴의 성인은 모두 모이라는 말이 돌기 시작해 다들 죽창, 낫, 괭이 등을 손에 들고 아카네야바시 다리로 모여들었다고 한다. 산야와 노나카의 사람들은 기헤이바시 다리로, 가미스즈키 사람들은 규에몬바시 다리로 몰려들어 오늘도 내일도 모레도 하염없이 대기하고 있었다고 한다.

그러나 이 건으로 어떤 희생이 있었는지 없었는지에 관해서는 알려진 바가 없다.

— 가미야마 긴사쿠, 『고향 옛이야기 제1호』

　　기헤이바시, 아카네야바시, 규에몬바시는 고다이라 시내의 옛길 이쓰카이치카이도를 따라 흐르는 수로 다마가와 조스이를 가로지르는 다리들이다.[20] 중앙선의 고쿠분지 역에서 북쪽으로 2킬로미터 조금 못 미친 곳에 있다.

　　당시의 행정구획상으로는 도쿄 부 기타타마 군 고다이라무라

19. [옮긴이] 고다이라는 도쿄 중심에서 서쪽으로 약 26킬로미터 거리에 위치.
20. [옮긴이] 다마가와 조스이는 17세기 중엽 에도(현재 도쿄)로 상수를 공급하기 위해 만들어진 길이 43킬로미터의 노천 상수도이다. 18세기 이후 농지 개척을 위한 농업용수를 이 상수도에서 끌어오기도 했다.

에 위치했다. 세이부 선이 개통되고 택지 개발이 시작된 것은 쇼와 (1926~1989)에 들어선 이후였으니, 그 무렵에는 아직 농촌이었다. 인구는 약 6천 명.

도심의 혼란에서 멀리 떨어져 숲속 깊은 곳에 자리 잡은 고다이라 마을에서조차도 자경단은 결성되었다. 훗날 후추 서, 하치오지 서, 아오우메 서 등의 경찰서에서 작성한 보고서를 보면, 이런 지역에서도 사람들이 "조선인이 기치조지의 파출소를 습격했다"거나 "조선인과 사회주의자들이 하치오지에 대거 몰려오고 있다"는 식의 유언비어로 우왕좌왕한 나머지 산속으로 피신하거나, 혹은 자경단을 결성하고 무장한 것을 알 수 있다.

간토대지진 당시의 조선인 학살이 도쿄 동부의 극히 일부 지역에서 일어난 일이라고 생각하는 사람이 많다. 그러나 도쿄의 서부(당시 행정구획으로는 군에 속하는 지역)에서도 자경단은 결성되었고 조선인에 대한 박해 또한 저질러졌다. 기록으로 남아 있는 살해 사건은 확실히 적지만 이는 당시 이 지역의 전체 인구가 적었기 때문일지도 모른다. 기록이 남지 않은 살인이 있었을 가능성 또한 충분하다.

『독립신문』 특파원의 조사에 따르면 나카노에서 1명, 세타가야에서 3명, 후추에서 2명이 사망했다. 한편 기소된 사건을 바탕으로 한 사법성의 정리에 따르면 도쿄 서부 지역의 사망자는 세타가야 다이시 도에서 1명, 지토세 가라스야마에서 1명이었고 일본인을 조선인으로 오인해서 살해한 경우는 시나가와에서 3건, 요쓰야에서 1건, 히로오에서 1건(지명은 현재 것을 사용)이었다.

이후 소개되는 이야기들은 지역 경찰서들의 보고를 인용한 것이다. 도쿄 서부 지역을 아는 사람에게는 매우 친숙한 지명들이 나온다. 경찰서 내부의 자기평가인지라 경찰이 폭행이나 살해를 저지하는 냉정하고 침착한 영웅으로 그려져 있다. 지금까지 이야기해 왔듯이 사실은 이와 다른 경우가 많았다.

요도바시 경찰서(현재 신주쿠 경찰서)

와세다에서 선인 4명에 의한 방화를 발견. 그중 두 명이 도야마가하라에서 오쿠보 방면으로 도주"라는 보고를 받고 경계 및 조사를 위해 순사 5명을 그 방향으로 파견했지만 아무것도 발견하지 못함. 또 "선인 등이 혹자는 방화하고, 혹자는 폭탄을 던지고, 혹자는 독약을 뿌린다"라는 유언비어가 떠돌아 선인에 대한 박해가 여기저기에서 벌어졌으며 본서로 선인을 동행해 오는 자도 적지 않았다.

나카노 경찰서

조선인 폭동이 오보이거나 유언비어에 불과하다는 것을 민중에게 선전하고 인심의 안정을 도모했지만 이는 쉽게 받아들여지지 않았고 사태는 오히려 악화되는 경향이 있었음.

시부야 경찰서

민중들은 완고하게 선인에 의한 폭행 사실을 믿고 있었으며 끝내는 양민을 선인으로 오해한 나머지 세타가야 부근에서 총살하는 참극이 벌어짐. 소요는 점점 심해지고 유언비어도 계속 확대되어

9월 3일에는 "선인이 독약을 우물에 던졌다"든가 심지어 "나카시부야 누구누구의 우물에 독약을 넣었다"며 고소하는 자가 있었지만, 검증 결과 모두 사실이 아니었다……자경단의 경계는 점점 격렬해져 흉기를 가지고 여기저기를 배회하며……거동이 수상하다고 여겨진 사람들에게 바로 박해를 가하는 등 난폭한 행위가 적지 않았다.

(이 글에 나온 세타가야에서의 살해 사건의 경우 사법부의 보고서에는 이렇게 기록되어 있다. 일시:9월 2일 오후 5시. 장소:도쿄 부하 세타가야마치 오와자 다이시 도 425 부근 도로. 범인 성명:고바야시 류조. 피해자 성명:선인 (성명 알 수 없음). 죄명:살인. 범죄 사실:엽총으로 머리를 쏘아 살해함.)

세타가야 경찰서

납치하여 본서로 끌고 온 선인이 2일 오후 8시 시점에는 무려 120명에 이르렀다. (중략) 4일, 선인이 산겐자야에서 방화했다는 보고를 받아 즉시 조사를 했지만 범인은 선인이 아니라 머슴(사용인)이 주인의 창고에 저지른 방화였다.

이타바시 경찰서

본서는 선인들에게 외출 중지를 권유함으로써 위험을 예방하고자 했지만 민중들의 감정은 점점 고조되어 끝내 선인의 주택을 습격하기에 이름. 이에 오로지 보호 검속하기 위한 수단을 취하고 그날 십여 명을 본서에 수용함.

고다이라 기헤이바시 다리

아자부롯폰기 경찰서

이에 자경단의 성립이 촉구되었으나 그 와중에 한 명의 통행인이 선인으로 오인된 나머지 가스미초에서 군중들에 의해 살해되기에 이르렀다.

아카사카 아오야마 경찰서

9월 4일 오후 11시 30분, 아오야마 미나미마치 5초메 뒷골목 쪽 여러 곳에서 경적 소리와 함께 총성이 들려옴. 이를 선인의 습격으로 오인한 사람들이 한때 소요를 일으켰지만 진상을 알아본 결과 부근의 한 시민이 저택 안에서 달빛에 드리워진 나무 그림자를 선인으로 오해하여 공포空砲를 쏘았던 것으로 드러났다.

요쓰야 경찰서

선인에 대한 박해가 도처에서 일어났다.

우시고메와세다 경찰서

와세다·야마부키초·쓰루마키초 부근에는 심한 공포로 가재도구를 들고 피난하는 자들이 많았다. 이러한 상황에서 서장은 스스로 부하를 이끌고 현지에 나서 민정을 달래기 위해 노력하며 다음과 같이 말했다. "오늘 폭탄을 가지고 있다는 이유로 연행된 선인을 조사했더니 폭탄이라고 오인된 것은 통조림 식료품에 불과했다. 기타 선인들에게서도 의심스러운 점을 발견할 수 없었다. 방화라고 한 것은 대부분 잘못 알려진 사실일 것이다."[21]

21. 각 경찰서 보고는 『현대사 자료 6』에 수록.

왕희천, 칠십 년 동안의 '행방불명'

중대장 등이 "너희 나라 동포가 소란을 피우고 있으니까 훈계해
달라"고 말하며 왕희천 군을 불러냈다. 왕희천 군이 사카사이바
시 철교 부근을 지나갈 때, 대기하고 있던 가키우치 중위가 6중
대의 장교 일행에게 다가와 어디로 가냐고 물으며 잠시 쉬라고
권한 후 등 뒤에서 칼로 내리쳤다. 그리고 그의 얼굴 및 손발 등
을 잘게 썰고 옷은 태워서 버렸으며 가지고 있었던 10엔 70센의
돈과 만년필은 훔쳤다.

이러한 행위는 불법이지만 같은 권리로 지배받는 일본인도 아닌
데다가 외교상 불리하다는 이유로 나는 입을 다물고 있다.

야전 중포병 제3여단 제1연대 제6중대 소속 일등병 구보노 시게지가 1923년 10월 19일에 쓴 일기의 일부이다.

사카사이바시 다리는 구 나카가와 강에 걸려 있었다. 도에이 신주쿠 선 히가시오지마 역에서 북쪽으로 10분쯤 걸어가면 지금도 볼 수 있는데 당시에는 나무로 만들어져 있었다.

왕희천은 같은 해 9월 12일 해뜨기 전, 이 사카사이바시 다리 옆에서 제1연대의 나카지마 대대장의 부관 가키우치 야스오 중위(1945년 종전 시에는 대좌)에 의해 살해당했다. 살해를 지시한 것은 같은 연대 제6중대장이었던 사사키 효기치 대위이다. 이 살인은 가네코 나오시 여단장의 묵인하에 이루어졌으며 유체는 나카가와 강에 던져졌다.

왕희천은 중국인 유학생으로 당시 27세였다. 1896년 8월 5일, 중국 동북 지방의 길림성 장춘시에서 피혁 상품을 취급하는 부유한 상인의 자식으로 태어났다. 일제가 중화민국에 21개조 요구를 내밀었던 1915년에 18세의 나이로 일본에 유학, 제1고등학교 재학 당시부터 학생운동에 참가했으며 일본과 중국 양국을 오가며 활동했다.[23] 후일 중국의 수상이 된 주은래(1898~1976), 구세군의 야마

---

22. 『역사의 진실 간토대지진과 조선인 학살』.
23. [옮긴이] 일고(一高)로 알려진 제1고등학교는 대부분의 학생이 도쿄 제국대에 들어가는 엘리트 코스였다. 1장 각주 13번 참조.

무로 군페이(1872~1940), 목사이며 사회운동가인 가가와 도요히코(1888~1960) 등과도 친교가 있었다.

왕희천은 학생운동에서 한 걸음 더 나아가 일본에서 약자의 처지에 놓인 중국인 노동자들의 상황에 관심을 기울이게 된다. 지진이 일어나기 전인 1922년 9월, 그는 재일 중국인 노동자를 지원하는 단체인 〈중화민국 교일공제회〉僑日共濟会를 오지마마치 3초메에 설립했다.

「중국인은 왜 살해당했는가?」에서 설명했듯이 오지마에는 중국인 육체노동자들이 집단으로 거주하고 있었다. 〈교일공제회〉는 그들을 위한 진료소와 야학을 열고, 도박이나 아편에 빠진 경우가 적지 않았던 중국인 노동자들의 생활개선을 부르짖었다. 노동자들은 왕희천을 깊이 신뢰하여 그에게 도박 도구를 뺏겨도 불평 한마디 하지 않을 정도였다고 한다.

이 같은 굳은 신뢰를 바탕으로 왕희천은 일본인 노동 브로커가 중국인을 대상으로 일상적으로 자행했던 임금 체불에 항의하며 브로커와의 교섭에 적극 나섰고 임금 지급을 요구하는 운동을 개시했다. 왕의 활동은 도쿄에 머무르지 않고 전국으로 확대되어 나갔다.

왕희천은 강철의 투사 타입이라기보다는 사상적으로 온건하며, 부유한 집안 출신답게 쾌활하고 낙천적인 성격이었다고 한다. 하지만 그는 하층 노동자의 조직화라는 위험한 영역에 순수하게 뛰어들었다. 훨씬 뒤인 1980년대 산야 지역에서는 일용직 노동자들의 노동운동을 이끈 야마오카 교이치(1940~1986)가 조직폭력배의 손에 살해된 바 있다.[24] 이러한 영역에서 자본의 욕망은 그 폭력적인 모습을 노골적으로 드러내는 것이다. 마찬가지로 왕희천 또한 노동 브로커는 물론 노동운동을 적대시하는 가메이도 경찰서 형사들로부터 엄청난 미움을 받았다. 브로커에게 단도로 협박을 당한 적도 있었다.

9월 1일, 왕희천은 유학생들이 많이 살고 있던 진보초의 〈중국청년회〉YMCA에 있었고 이후 며칠간은 유학생 구원 활동으로 분주했다. 일단 사태가 진정된 9일 아침, 그는 그동안 계속 걱정하던 노동자들의 피해 상황을 확인하기 위해 자전거를 타고 오지마로 향한다. 수백 명의 중국인이 살해된 지 6일이 지난 후였다.

오지마에 도착한 그가 학살 사실을 확인했는지는 알 수 없다. 그날 오후 군이 그를 구속했기 때문이다.

군은 자신들이 붙잡은 중국인이 노동자들 사이에서 인망이 두터운 활동가라는 걸 알고는, 그에게 중국인을 나라시노 수용소로 이송하는 일에 협력할 것을 요구했다. 그는 가메이도 경찰서 유치장에서 밤을 보내고, 낮에는 군 밑에서 일했다. 강요된 것이었지만 왕희천 또한 나라시노 수용소 이송이 그나마 유일한 보호책이라고 여겼을 것이다. 그 후 며칠 동안 그는 "나라시노로 이송되지만 걱정

---

24. [옮긴이] 일본의 대도시에는 요세바라고 불리는 지역이 있다. 주로 일용직 노동자들이 거주하며 일을 찾는 노동시장이자 생활 지역이다. 1950년대 빈민촌, 폐쇄된 탄광 등에서 유동화된 노동 인구가 요세바에 모여들었으며 고도 성장기 동안 건설 현장이나 핵발전소에서 일하는 일용직 노동자들로 북적거리던 요세바는 노동운동의 거점이 되기도 했다. 현재는 노동자의 고령화와 고용 방식의 변화로 인해 갈수록 한적해지고 있다.

할 일은 없다"고 중국어로 쓴 게시물을 붙이는 등, 적극적으로 군에 협력했다.

당시 중국인 이송을 담당했던 부대는 사사키 대위가 이끈 제6중대로, 앞부분의 일기를 쓴 구보노 일등병이 거기서 왕희천과 함께 일했다. 문학청년의 기질을 가지고 군 조직에 쉽사리 적응하지 못했던 22세의 구보노는, 약간 연상의 스마트한 왕희천에게 금세 호감을 가지게 된다.

"늘 단정히 나비넥타이를 매고 있는 호남. 모든 일이 안정되면 미국으로 유학할 것이라고 즐겁게 이야기했다. 배우지 못한 우리들(병졸)은 그를 왕희천 군이라 부르며 존경했다. 차도 함께 마시고 세상 이야기를 나눈 걸 기억한다."

하지만 여단에는 '왕희천을 얼른 죽이는 편이 낫다'고 강하게 주장하는 자들이 있었다. 그 배경은 알려져 있지 않다. 하지만 9월 3일 일어난 중국인 학살을 은폐하려 했던 군과 중국인 지도자를 없애 버리고 싶은 노동브로커, 그리고 가메이도 경찰서, 이 삼자의 이해가 왕희천의 살해라는 결론으로 일치하고 있었던 것은 확실하다. 왕희천을 풀어 주면, 또다시 오지마에서 쓸데없이 이것저것 뒤지고 다닐 게 분명하다는 생각이었을 것이다.

군이 정부에 제출한 문서에 의하면, 가메이도 경찰서 "순사 한 명"이 왕희천의 살해를 현장에서 지도한 사사키 대위에게 "왕희천은 일본을 배척하는 중국인排日支那人의 거물이니만큼 주의해야 한다"고 말했다고 한다. 이후 왕희천 사건을 조사한 다하라 요와 니키 후미코는 경찰과 노동브로커가 뒤에서 군에게 손을 썼다고 추측한다.

이리하여 9월 12일 해뜨기 전, 왕희천은 살해당했다. 유체는 나카가와 강에 던져졌다. 당시에 여전히 고가품이었던 왕희천의 자전거는 '전리품'으로 일컬어지며 제6중대 부대원들이 타고 다녔다.

12일, 구보노 일등병은 아침부터 모습이 보이지 않는 왕희천이 살해되었다는 사실을 알게 된다. 사카사이바시 현장에서 보초를 서던 병사에게 전해 들었던 것이다. 구보노는 "잘도 쳐 죽였네. 웃기지 마, 제길."이라며 격한 분노를 느꼈다. 하지만 섣불리 입 밖에 냈다가는 영창 정도로 끝나지 않을 것이었다. 사사키 대위는 그의 중대장이었다. 그로부터 2개월 후인 11월, 중대장은 "지진이 일어났을 때 병사들이 많은 조선인을 살해한 것에 대해서, 꿈에서라도 절대로 입 밖에 내서는 안 된다"고 강조했다.

"중대장님이 죽인 지나인 중에 유명한 자가 있어서, 알려질까 봐 굉장히 무서워서 병사들의 입을 막았다는 걸 다들 눈치챘다."[25]

구보노로서는 병영에서 몰래 쓰고 있던 일기에 사건에 대해 들은 것을 기록해 남겨 두는 것 외에는 달리 할 수 있는 게 없었다.

중국에서 노동자 학살에 대한 비난과 왕희천의 실종에 대한 의혹의 목소리가 높아지자, 중화민국 정부의 조사단이 일본으로 파견되었다. 이에 군은 시나리오를 짰다. 9월 12일 해뜨기 전에 사사키 대위에게 연행된 왕희천은 대위에 의해 독단으로 풀려났으며 그 후의 일에 대해서는 군이 관여한 것도 알고 있는 것도 없다는 것이

---

25. 구보노 일기, 1923년 11월 28일, 『역사의 진실 간토대지진과 조선인 학살』에 수록됨.

었다.

"다음 날인 12일 오전 3시, (사사키 대위는) 가메이도 경찰서로부터 왕희천을 넘겨받아서 가메이도초 동양모슬린 주식회사에 주재 중인 여단 사령부로 동행했다. 도중에 여러모로 취조를 해 보니 왕희천은 상당한 교육을 받은 자이며 옛 지나 명망가의 자제로 도쿄에 있는 지나인들에게도 잘 알려져 있는바 전혀 위험한 인물이 아니라고 판단했다. 이에 여단 사령부로 연행해 엄중한 수속을 밟기보다는 이대로 풀어 주는 것이 낫겠다고 생각했다. 본인에게 '나라시노에 가는 것을 싫어하는 것 같고 교육도 받았으니, 충분히 주의해서 잘못하는 일이 없도록 하라. 내가 책임을 지고 풀어 준다'고 말했더니 본인도 무척 기뻐했다. 그리하여 같은 날 오전 4시 30분경, 앞서 말한 회사에서 서북으로 약 1천 미터 거리에 있는 전철 선로 부근에서 그를 풀어 주었더니 동쪽 고마쓰가와마치 방면을 향해 떠났다."[26]

정부는, 5개 관련 부처의 대신들이 협의한 결과 "철저히 은폐할 수밖에 없다"라며 정식으로 왕희천 사건과 중국 노동자 학살 사건의 은폐를 결정했다.

그리하여 왕희천은 긴 시간 동안 '행방불명'인 채로 역사 속으로 사라져 버린다.

은폐되어 있던 사건의 진상이 그 밑바닥에서부터 조금씩 떠오르기 시작한 것은 2차 세계대전이 끝나고 나서이다. 왕희천이 군에

---

26. 계엄사령부가 외부대신에게 제출한 각서. 『간토대지진과 왕희천 사건』에 수록.

왕희천이 살해된 곳, 사카사이바시 다리

의해 살해되었다는 사실을 최초로 밝힌 사람은 제3여단에서 사건의 사후 처리를 맡았던 엔도 사부로 대위(종전 시 육군 중장)였다. 그리고 1970년대에, 이미 70세가 넘은 구보노 시게지가 당시의 일기를 발표했다. 그는 병역을 마친 후에도 그 일기장을 숨기고 소중하게 보관해 왔었다.

"그때의 일이 나의 뇌리에서 영영 떠나지 않았다. 오랫동안 나의 염원은 왕희천의 마지막 모습을 꼭 왕희천의 가족에게 전하고 명복을 비는 것이었다."[27]

1980년대 초에는, 저널리스트 다하라 요가 왕희천의 목을 벤 가키우치 야스오 중위(2차 세계대전 종전 시 대좌)를 찾아내 본인의

---

27. 〈지바 현의 간토대지진 조선인 희생자 추도·조사 실행위원회〉 엮음, 『이유 없이 살해된 사람들』.

입으로 사실을 들었다. 가키우치는, "누구의 목을 베었는지 그때는 몰랐었다. 가엾은 일을 했다. 나카가와 철교를 건널 때마다 늘 생각이 났다"며 후회의 말을 전했다.

1990년 왕희천과 중국인 노동자 죽음의 진상을 조사한 니키 후미코는 왕희천의 아들을 찾아내 사건의 진상을 전했다. 의사로서 일생을 보낸 아들은 이미 노령에 접어들어 있었다. 그는 "역시 그랬군요"라며 어깨를 축 늘어뜨렸다고 한다.

왕희천의 죽음 이후 약 70년의 세월이 지나 있었다.

3장

그 9월을 살아 낸 사람들

너무나 심한 광경이었다

논픽션 작가 호사카 마사야스의 아버지가 살아 낸 인생

"지금부터 말하는 걸 부디 잘 들어 줘. 너에게 이 이야기를 전함으로써 비로소 나도 이 무거운 짐에서 해방되겠다."

— 호사카 마사야스, 『바람이 전하는 이야기風來記 나의 소화사 (1) 청춘 편』(헤이본샤, 2013)[1]

『바람이 전하는 이야기』[2]는 논픽션 작가 호사카 마사야스 (1939~)가 자신의 인생 전반에 대해 쓴 글이다. 아버지와의 갈

---

1. [옮긴이] 호사카는 일본에서 가장 잘 알려져 있는 논픽션 작가 중의 한 명이다. 일본 근현대사를 소재로 한 저서들을 다수 썼다. 한국어로 번역된 저서로는 『도조 히데키와 천황의 시대』(정선태 옮김, 페이퍼로드, 2012)가 있다.
2. [옮긴이] 아직 번역되지 않은 책의 제목인 '風來記'를 임의로 번역한 제목이다. 떠돌이라는 뜻의 단어 '風來坊'을 떠올리게 하는 제목이다.

등이 그 이야기의 중심축이다.

　수학 교사였던 그의 아버지는 술도 안 하고 사람들과 사귀는 것을 꺼려했다. 가족들과 거리를 두었을 뿐 아니라 아들에게는 매우 억압적인 아버지였다. 호사카는 아버지로부터 "의사가 되어라", "교사가 되어라", "타인을 믿지 말라"라는 말을 들으면서 자랐다. 전후 민주주의 속에서 성장한 소년 호사카는 인간을 선의가 아닌 불신의 눈으로 바라보는 아버지의 세계관에 반발하는 한편 아버지가 싫어했던 문학이나 연극의 세계에 점점 더 매료되어 간다.

　한편 그의 아버지는 묘하게 파악하기 힘든 사람이었다. 자신의 출생이나 성장 과정, 친척 등에 대해 가족에게조차 거의 아무런 이야기도 하지 않았다. 그런 아버지가 뜻밖의 표정을 보여 준 것은 1952년 홋카이도 도카치오키 지진이 일어났을 때다. 당시 호사카의 가족은 홋카이도 네무로에 거주하고 있었다. 항상 가족에게 명령을 내리던 아버지가 그때는 여진으로 땅이 흔들릴 때마다 창백한 얼굴로 겁을 먹은 채 바닥에 주저앉아 버렸던 것이다. 게다가 아버지는 굉장히 기묘한 행동을 취한다. 이 일은 호사카의 마음에 평생 잊히지 않는 강렬한 인상을 남겼다.

　이 권위적이면서도 도무지 알 수 없는 아버지를 미워하고, 아버지에게 반발하고, 끝내는 그 원한에서 벗어나는 호사카의 발걸음이 『바람이 전하는 이야기』라는 책의 중심을 이룬다. 아버시의 비밀, 그 은밀함의 원점이 밝혀지는 부분이 바로 이 장의 처음에 인용한 구절로 시작된다. 1984년, 아버지는 암으로 이제 6개월밖에 남지 않았다는 선고를 받는다. 당시 아버지는 일흔다섯, 호사카는 마흔다섯이었다.

단둘이 남은 병실에서 아버지는 입을 열었다.

"그날, 9월 1일은 토요일이었다."

1923년 9월 1일, 그(호사카 마사야스의 아버지)는 중학교 1학년이었다. 그의 아버지(호사카 마사야스의 조부)는 결핵을 치료하는 의사였다. 본인은 물론 가족까지도 감염 가능성에 노출되는 굉장히 위험한 일이었고, 그의 형과 누나는 실제로 결핵으로 사망했다. 지진이 일어났을 때 그는 요코하마에서 아버지와 둘이 살고 있었다.

극심한 진동이 여름 방학 숙제인 작문을 하려고 책상에 앉은 그를 덮쳤다. 이웃집들이 무너지고 사람들이 가족과 함께 피난을 떠나는 와중에, 그는 혼자 남겨졌다. 아버지가 일하는 사이세이카이 병원을 향해 거리로 나섰다.

요코하마는 진원지에 가까웠기 때문에 피해가 더 심했다. 개항기부터 항구 도시로 발달한 요코하마에는 서양식 건물들이 많이 있었다. 벽돌 건물들은 쉽게 붕괴되었다. 요코하마 지방재판소에서는 재판관, 변호사, 검사, 피고를 포함해서 100명 이상이 무너진 건물 속에서 압사했다고 한다. 여기에 화재까지 퍼지면서 시가지의 80퍼센트가 소실됐다. 지진으로 인한 사망

률로 보면 요코하마는 도쿄의 두 배에 가까웠다.

잔해로 뒤덮여 황량한 요코하마의 거리를 계속 걸어가고 있을 때였다. 길거리에 쓰러져 있던 어떤 청년이 그의 발을 잡았다. 청년이 목마름을 호소하기에 우물에서 물을 떠다 주었다. 청년은 "셰셰"라고 고마움을 전했다. "저는 상하이에서 온 유학생 왕……입니다."

다음 순간 그는 뒤에 있던 누군가에게 막대기로 머리를 맞는다. 뒤돌아보자 대여섯 명의 젊은이가 무서운 표정으로 서 있었다.

"중국인에게는 물도 주지 마!" 젊은이들은 그에게 소리를 지르더니 중국인 청년을 막대기로 때리기 시작했다. 그러고는 작은 칼로 배를 찢어 그 중국 청년을 죽였다. 앞으로는 중국인이나 조선인에게 물을 먹이지 말라는 한마디를 남기고 그들은 떠나갔다.

그다음 일은 기억이 잘 나지 않지만, 아마도 공포에 질린 나머지 집으로 돌아갔을 것 같다고 그는 말한다. 며칠이 지나서야 아버지의 병원 동료들이 망연자실한 채로 집에 있는 그를 찾아왔고 아버지의 죽음을 알렸다. 그는 혈혈단신의 신세가 되어 버린 것이다.

"나는 더 이상은 이 이야기를 입에 담지 않을 거다. 하지만 만약에 네가 일본의 근대에 대해 조사하고 있다면, 1923년 9월 간토대지진 때 상하이에서 건너와 요코하마에 왔었던 왕 씨라는 유학생에 대해 알아보고 상하이에 있는 그의 가족을 만나 주었으면 한다. 왕 씨가 지진으로 죽었다고 말하기만 하면 된다. 그의 마지막을 지켜본 중학생이 있었다고 전해 주면 고맙겠다. 그건 너무나 참혹한 광경이었다. 그 기억에서 벗어나기 위해 내가 얼마나 고생했는지 모를 거다. 인간이 저런 잔인함을 가지고 있다는 것을, 나는 아무리 생각해도 믿기 힘들었다."

"나는 그날 이후 요코하마에는 두 번 다시 발을 들여놓지 않았다. 너무너무 무서워서 요코하마에는 갈 수가 없었다."

"간토대지진은 나의 인생을 크게 바꿨다. 결핵과 지진. 나의 인생은 이 두 가지로 인해 근본에서부터 무너졌다."

"의사가 되라고 강요했던 것은 그런 나의 아쉬움이 있었기 때문이다."

호사카의 아버지는 반년 후 세상을 떠났다.

요코하마는 조선인 폭동이라는 유언비어가 퍼지기 시작한 곳 중 하나였기 때문인지 학살도 무참하기 이를 데 없었던 것 같다. 조선인과 관련한 보도 제한이 풀린 건 10월 20일이었다. 그다음 날 여러 신문이 전한 폭동의 모습은 다음과 같다.

"9월 1일 밤부터 4일까지 요코하마 시내는 피투성이의 혼란 상태. 시내에서 발견된 선인의 시체만 해도 44구에 달하고, 땅에 묻거나 강이나 바다에 던져 버린 시체를 포함하면 140, 150구 이상. 선인으로 오해되어 살해된 일본인도 30여 명에 달한다."

"50여 명의 선인이 시체가 되어 철도선로에 유기되다. 이를 시작으로 더 많은 사람들이 불 속으로 혹은 바다로 던져졌고, 가나가와 모 회사의 ○○○○(원문 검열됨) 80여 명이 하루 밤새 무자비하게 살해당했다."(『요미우리신문』, 1923년 10월 21일)

조선총독부 경보국의 내부 보고서에 의하면, 도쿄 출장원의 내부 조사 결과 밝혀진 가나가와의 조선인 피살자는 180명이다. 하지만 조선인 살해죄로 기소된 것은 가나가와 현 전체에서 단 한 건뿐이며 그 피해자 수는 두 사람에 불과하다.

호사카의 아버지가 목격한 것처럼, 가나가와 현에서는 조선인뿐 아니라 중국인도 다수 살해됐다. 중국 측의 조사는 현 내 사망자가 79명, 부상자가 21명인 것으로 전하고 있다. 하지만 중국인 피해와 관련해서도 기소된 것은 단 한 건뿐이었고 사망자 수는 세 명이었다.

눈앞에서 행해진 살인과 그 직후에 알게 된 가족의 죽음이 얼마나 충격적이었을지, 그리고 중학생이었던 그의 인생에 얼마나 어두운 영향을 끼쳤을지 상상하는 것은 그리 어려운 일이 아니다. 그 자체로 충분히 잔인한 사건들이었다. 다만 솔직히 고백하자면, 인간이 저런 잔인함을 가지고 있다는 것을 도저히 믿을 수 없었다며 마음의 상처를 고백하고 중국인 청년의 죽음을 애도하는 호사카의 아버지를 보며 나는 안도와 비슷한 감정을 느꼈다. 지진에 대한 기록을 보고 있노라면 정말로 아무렇지 않다는 듯이 무심하고 손쉽게 사람을 죽이는 인간들이 무수히 등장한다. 그런 와중에, 눈앞에서 벌어진 잔인한 살인이 한 소년의 마음에 평생 지울 수 없는 상처를 입혔다. 그것이야말로 인간성이 실재한다는 것을 역설적으로 증명하고 있지는 않을까?

"선인들 머리통만
뒹굴고 있었습니다"
아이들이 본 조선인 학살

"우리 산에 ○○○인이 몇 명 살고 있었는데 77번지의 청년단이 와서 그 ○○○인을 죽여 버렸습니다."(혼고 구 심상 소학교 1학년 남자아이)[3]

"아빠는 재향군인 친구들과 ○○○인을 죽이기 때문에 지랑 엄마랑 할머니랑 요네코랑 도미코는 아빠와 헤어졌습니다."(후카가와 구 심상 소학교 2학년 여자아이)

3. [옮긴이] 이 인용문을 비롯해 여기서 소개된 아이들의 글들에는 아직 글쓰기나 서술에 있어서 서투른 부분들이 많이 엿보인다. 이런 특징을 일부 번역에 반영시켰으나 대부분의 경우 번역 과정에서 편집될 수밖에 없었음을 밝혀 둔다.

"조선인의 시체가 있다길래 유기 짱과 둘이 함께 보러 갔다. 진짜로 길가에 두 사람의 시체가 있었다. 무서운 것을 보고 싶은 호기심을 누르지 못해 가까이 다가가 봤더니 머리는 깨지고 피투성이가 된 채 셔츠가 피로 물들어 있었다. 사람들 모두 대나무 막대기로 머리를 찌르면서 '밉살스러운 놈이다. 이놈이 바로 어젯밤에 난리 친 놈이다'라고 말하고 정말 싫다는 듯이 침을 뱉고 가 버렸다."(요코하마 시 고등소학교 1학년[현재 초등학교 5학년에 해당] 여자아이)

"밤에 또 조선인 소동이 있어서 놀랐습니다. 우리는 3척 정도 되는 막대기 끝에 못을 박았습니다.[4] 그걸 들고 여기저기 다니는데 선인들 머리통만 뒹굴고 있었습니다. 잊어버렸는데 저 다이로쿠노하라라는 곳에서는 200명이 죽었다고 합니다."(동 1학년 남자아이)

"3일이 되자 조선인 소동이 일어나 모두 죽창을 들거나 칼을 들거나 한 채로 걸어 다녔다. 그러다가 조선인을 보면 바로 죽이기 때문에 난리가 났다. 그리고 조선인이 죽어 강을 떠내려오는 모습을 보면 오싹할 정도였다." (동 1학년 남자아이)

4. [옮긴이] 3척은 약 90센티미터에 해당한다.

"아침에 일어났더니 이웃 애들이 조선인이 파출소에서 묶여 있으니까 보러 가자고 큰 소리로 말하고 있었습니다. 기미에 씨가 같이 가지 않겠냐길래 싫다고 하기도 뭐해서 같이 갔더니 조선인이 창백해진 얼굴로 전신주에 묶여 있었습니다. 지나가는 다른 사람들이 '이놈, 꼴 보기 싫은 놈'하면서 대나무 막대기로 머리를 때리니까 조선인은 힘없이 고개를 숙였습니다. 옆에 있던 사람이 때리기만 하지 말고 제대로 이유를 들어봐야 한다고 말하고 있었습니다. 조선인은 고개를 들어 필기구를 달라는 시늉을 했습니다. 기미에 씨가 이제 돌아가자고 하길래, 그럼 돌아갑시다라고 (후략)."(동 고등소학교 1학년 여자아이)

"뒤에서 기다려 기다려, 하는 목소리가 들렸다. 그 사람이 뒤돌아보니까 '너는 조선인이지' 그러면서 자세를 취했다. 그 사람은 '나는 일본 사람이에요'라고 대답했다. 하지만 '거짓말하지 마' 그러면서 그 사람 머리를 골프채로 때렸다. 그 사람 머리에서 줄줄 피가 흘러나왔다. 그 사람은 아프다고 하면서 싱금성큼 도망갔다."(동 고등소학교 2학년 여자아이)

"걸어가고 있는데 조선인이 나무에 묶여 죽창으로 배를 푹푹 찔리고 톱으로 쓱쓱 베였습니다."(동 소학교 남자아이)

윗글들은 지진 발생 후 반년 사이에 쓰인 아이들의 작문에

서 발췌한 것이다.(○○○ …… 으로 표기된 부분은 출처 원문인 「도쿄 시립 소학교 아동 지진 재해 기념 문집」에서 검열되어 표기된 것을 나타낸다.)

금병동 편저 『조선인 학살 관련 아동 증언 자료』는 그 당시 아동들이 자기들의 지진 경험에 대해 쓴 작문 중에서 선인 학살에 대해 언급된 부분을 모은 것으로 분량이 꽤 되는 책이다. 원문에는 학교나 아동의 이름이 기재되어 있지만 여기서는 생략했다.

읽어가노라면 지금까지 읽은 다양한 증언들 이상으로 마음이 무거워진다.

첫째, 너무나 많은 글 속에 아무렇지도 않게 "죽어 가고 있다"라든가 "죽여 버렸다"와 같은 문장이 나온다. 이런 묘사가 아이들의 문장 속에서 발견되는 현실에 대해 충격과 혐오감을 느끼지 않을 수 없다.

둘째, 이 정도로 많은 아이들이 아무렇지도 않게 쓸 정도로 당시 조선인 살해가 흔한 일이었음을 새삼 깨닫게 된다. 일반적인 상황에서 아이들이 학교에서 "아빠는 살인하러 갔습니다"라는 글을 썼다면 난리가 났을 것이다. 선생님이 아무 일 없다는 듯이 글을 받았다는 것은 상상하기 힘든 일이다.

셋째, 조선인에 대한 동정 혹은 학살에 대한 의문이 엿보이는 표현이 거의 없다. 아니, 심지어는 이런 글들조차 발견된다.

"여러 사람들이 조선인을 찌르고 있었습니다. 그래서 저도 한 번 찔러 봤더니 툭 죽어 버렸습니다."(요코하마 시 심상 소학교 4학년 남자아이)

우리는 이 문장을 어떻게 받아들여야만 할까.

이 책을 엮은 금병동이 "구원을 받은 느낌이었다"라고 말하며 소개하는 것은 요코하마 시 고토부키 소학교 고등소학교 1학년 사카키바라 야에코의 글이다. 긴 글이므로 여기서는 결론만 소개한다.

"동쪽 하늘이 점점 밝아 올 무렵 나는 마쓰야마로 가려고 발걸음을 서둘렀다. 고토부키 경찰서 앞을 지나가는데 문 안에서 음음 하는 신음 소리가 들렸다. (중략) 신음하고 있었던 것은 대여섯 명. 나무에 묶인 채로 얼굴은 엉망진창이고, 눈도 입도 없고, 단지 가슴 부분이 오들오들 움직이고 있을 뿐이었다. 조선인들이 나쁜 짓을 잔뜩 했다고 하는데, 그 말을 믿으려고 해도 왠지 믿을 수가 없었다. 그날 경찰서 마당에서 신음하고 있던 사람들은 지금 어디에 있을까?"

그녀가 이 광경을 목격한 것은 새벽녘이었다. 그 몇 시간 전에는 정원사 집 마당에 피난 와 있던 그녀와 가족 앞에 조선인 한 명이 도망쳐 와서 도움을 구했다고 한다. "나 조선인 있습니다. 닌폭 이넙니다"라고 몇 번이나 고개를 숙이며 서투른 일어로 호소했다고 한다. 그러나 바로 쫓아온 자경단에 붙들려 끌려가고 만다.

그 모습을 지켜본 후 그녀는 한숨도 못 자고 새벽을 맞이했다. 그러고는 고토부키 경찰서 앞을 지나갔던 것이다.

"어른들이 야에코 씨가 보여 준 총명함과 상냥함의 단지 몇 분의 일이라도 가지고 있었으면 얼마나 좋았을까." 금병동은 이렇게 한탄한다.

마지막으로 또 하나의 글을, 이 글을 쓴 소녀의 이름과 함께 소개한다. 후카가와 구 레이간 심상 소학교 3학년. 그녀의 이름은 "정치요." 조선인임이 분명하다.

「곤란한 일」
정치요

(전략) 이제 여기까지는 (불이) 안 온다고 안심하며 밖에서 잠을 잤습니다. 다음 날 아침 제방이 있는 곳에다 오두막집을 만들고 있는데 몽둥이를 든 사람들이 여기저기서 나타나서 아빠와 집에 있었던 목수들을 묶어서 경찰에 데리고 갔습니다. 내일 보내 준다고 했지만 좀처럼 보내 주지 않았습니다. 그날 밤은 엄마랑, 우리가 도망 나오는 길에 주운 아기, 집에 있었던 남자아이랑 나 이렇게 네 사람이 쓸쓸해하고 있었습니다.

그러고 있는데 또 모르는 아저씨가 오두막집 안으로 들어와서는 너희들은 ○○의 여자가 아니냐고 말했습니다. 엄마가 '그렇습니다'라고 말했습니다. 너희들 죽인다고 말했습니다. 그리고 화를 냈습니다. 저는 걱정이 돼서 울면서 몇 번이나 사과했습니다. 그럼 여자니까 용서해 준다고 하면서 갔습니다. 기뻐하면서 경찰한테 말했더니 아빠가 가 있는 나라시노라고 하는 곳에 데려다줬습니다.

아빠는 죽었나 보다라고 모두 생각했었기 때문에 매우 기뻤습니다. 그리고 모두 도쿄로 데려다줬습니다.

"울면서 몇 번이나 사과했습니다"라고 하는 부분을 읽으면서 나는 가슴이 답답했다. 그녀에게 그런 일을 시켜서는 안 되는 것이었다.

부기 :

정치요의 글에는 아기를 주웠다고 말하는 이상한 부분이 있다. 이에 부합하는 기사가 1923년 9월 28일 『도쿄니치니치신문』에 실렸다.

"조춘옥(32)은 1일 오후 1시경, 혼조 우미베마치 323번지 앞에서 스무 살 정도로 보이는 일본 여성이 잠깐만 기다려 달라며 두고 간 영아(생후 두 달)를 돌보고 있다. 일본 여성이 돌아오지 않고 아무도 아이를 받아 주지 않자 정세복이라는 이름을 지어 주고 자기 아이로 키우며 귀여워하는 것이다. 이 이야기를 듣고 계엄사령부의 야마나시 사령관도 "기특하네"라고 눈을 가늘게 뜨면서 기뻐했다. 스나무라(현 스나마치) 쪽까지 피난했지만 선인이라는 이유로 신변이 위험해졌다. 그러던 중 마침 수용소로 이송되어 보호되었다고 한다."

조선인으로 오인 받은 일본인

'센다 코레야'를 낳은 사건

1923년 9월 2일 밤, 열아홉 살의 연극 청년 이토 구니오는 매우 흥분한 상태였다. 가나가와 현 방면에서 북상해 온 '불령선인' 집단과 군대가 다마가와 강에서 부딪혀 큰 싸움이 벌어지고 있다는 소문 때문이었다. 머지않아 여기 센다가야도 전장이 될 것이 틀림없다. 그는 이 층에 있는 나무 궤짝 밑바닥에 보관된 채 조상 대대로 전해 온 단도를 꺼내어 언제든 쓸 수 있도록 해우소의 작은 창 밑에 숨겨 두었다. 그러고는 이웃 사람들과 함께 집 앞에서 지팡이를 들고 '순찰'을 맡았다.

그러나 한참을 기다려도 아무 일도 일어나지 않았다. 더 이상 참을 수 없어진 그는 센다가야 역 인근 철길의 둑 위에 올라 "적군 정찰"을 시도한다. 그런 와중에 어둠 속 저쪽에서 "선인이

다. 선인이다!"라고 외치는 소리가 들리는 것이 아닌가. 그러더
니 이쪽을 향해 수많은 등불이 다가오기 시작했다. 조선인을
쫓아오고 있는 것일 테다. 그래. 협공해 주자. 이토는 등불을 향
해 쏜살같이 달려갔다.

　　그쪽으로 달려가는데 갑자기 허리 부근을 쾅하고 무언가에
맞았다. 놀라서 똑바로 보니 우뚝, 머리가 하늘을 찌를 듯이
덩치가 커다란 사람이 지팡이를 쳐들고는 "찾았다! 찾았어!"하
고 외치고 있었다. 나는 등산용 지팡이를 들어 방어 자세를 취
하며 뒷걸음을 쳤다. "아니에요, 아니라니까요"라고 소리쳐 봤
자 상대는 들은 척도 하지 않은 채 방망이를 휘두르며 나를
보고 "선인이다, 선인이야!"라고 소리치고 있었다.

　　곧 등불들이 모여 와서 우리 둘을 둘러쌌다. 보니까 소리를 지
르고 있는 거대한 남자는 센다가야 역 앞에 살며 옷감을 파는
백계[5] 러시아 상인이었다. 그가 조선인이 아니라는 사실은 한
눈에도 분명했지만 내 경우는 다르다. 그러한 사실을 증명이
라도 하듯, 나와 마찬가지로 일본인인지 조선인인지 알 수 없
는 녀석들이 막대기, 목검, 죽창이나 도끼를 들고서 나를 이쪽
저쪽 찔러 대는 것이었다. "이 새끼 자백해", "뻔뻔한 놈, 국적을

5. 1917년 러시아 혁명 당시 망명한 러시아인. [볼셰비키 적군에 의한 10월 혁명 이
후 혁명에 반대한 백군의 지지자들이나 반혁명 세력으로 간주된 러시아인 등
이 일본을 포함한 국외로 망명을 했다. ─옮긴이]

밝혀라", "거짓말을 하면 때려죽일 거야"라면서.

"저는 일본인입니다. 이 앞 동네에 사는 이-토-우 구-니-오-입니다. 여기 보세요. 와세다를 다니는 학생입니다"라며 학생증을 보여줬지만 전혀 소용없었다. 도끼를 내 머리 위로 쳐들고 '아이우에오'를 발음해 보라든가, 『교육칙어』[6]를 암송하라는 것이다. 일단 이 두 가지는 어떻게든 합격했는데 역대 천황 이름을 말해 보라고 하는 요구에는 난감해지지 않을 수 없었다.[7]

그러던 와중 자경단에 있던 이웃이 그를 알아본 덕분에 이토가 다치지 않은 채로 사건은 수습되었다. 훗날 그는 그 사건을 기억하기 위해 '센다 코레야'라는 예명을 짓는다. 센다가야의 코레안이라는 의미이다. 센다 코레야는 그 후 극단 〈하이유좌〉[8]를 창단하는 등 연출가 및 배우로서 성공했으며 90세로 별세했다.

그는 운이 좋았다. 당시 많은 일본인과 중국인이 조선인으

---

6. [옮긴이] 『교육칙어』는 서구화의 물결 속에서 변화하는 인민의 가치관을 국가가 통합, 관리하기 위해 1890년 메이지 정부에서 '신민'의 도덕규범을 정의하여 하달한 문서이다. 패전 시까지 학교에서는 어린 학생들이 이 문서의 암송을 강요받았을 뿐 아니라 문서와 천황의 사진이 보관된 봉인전 앞에서 경례를 해야 했다.

7. 센다 코레야, 「우리집의 인형극」, 『테아트로』(テアトロ) 1961년 5호. 여기서는 『간토대지진에 있어서의 조선인 학살의 진상과 실태』에 인용된 글을 인용했다.

8. [옮긴이] 〈하이유좌〉는 1944년에 설립된 현대 연극 극단이다.

로 오인되어 살해당했다.

사법성의 보고에 의하면 조선인으로 오해받아 살해된 일본인은 58명. 물론 이는 범인이 체포되어 사법적 심리의 대상이 된 숫자에 불과하다. 실제로는 훨씬 많은 사람들이 살해되었을 것이다.

이 보고가 기록하고 있는 살해 방법은 실로 잔혹하다. 예를 들어 "죽창, 도비구치 및 막대기로 난타하고, 일본도로 베거나 발로 찼다"거나 혹은 "강물 속에서 일본도로 뒤통수를 베고", "활대, 장작, 노, 자루로 머리 부위와 허리 부위를 구타하고 물속에서 익사시켰다." 또 "군중과 함께 바위를 던지고", "목검, 갈고랑쇠, 야구 방망이 등으로 구타"했으며, "뒷짐을 지게 한 채 철사로 결박시키고 대나무 봉, 도비구치 등"으로라는 식이다.

일본인이 살해당한 사건 중 가장 유명한 것은 지바 현에서 일어난 후쿠다무라 사건이다. 가가와 현에 살던 약장수의 친족 집단이 조선인으로 오인되어 습격을 받는다. 여덟 명이 도비구치와 곤봉에 찔리고 구타당한 후 도네가와 강에 던져지고, 그중 익사하지 않고 간신히 도망친 한 명마저 끝내 붙들려 칼에 베어 살해된 사건이다. 1923년 11월 29일 자 『도쿄니치니치신문』은 "피해자인 약장수의 처가 나루터의 물속으로 도망가다 가슴까지 물이 차는 곳에서 아기를 들어 올리며 도와 달라고 비명을 지르고 있었다"고 보도하고 있다.[9]

우라야스에서는 "일본말을 잘 할 수 없어서 살해된" 오키나

와 사람이 있었다는 증언도 있다.[10]

당시 정부가 조선인 학살이라는 문제의 본질을 애매하게 흐리기 위해 일본인들이 살해당한 사실을 적극 이용하고 선전하려 했던 정황 또한 발견된다. 정부의 임시 지진 구호 사무국이 극비리에 편찬했던 〈선인 문제에 관한 협정〉(1923년 9월 5일)은 미디어가 어떤 식으로 '사실의 진상'을 전해야 하는지 나열하고 있는데 그중에는 다음과 같은 문장이 있다.

"혼란 속에서 위해를 입은 사람들 중 조선인이 소수 있을 수 있지만 다수의 내지인(일본인) 또한 비슷한 위해를 입었다. 전부 혼란 속에서 일어난 사건일 뿐, 선인이라는 이유로 특별히 큰 위해를 가한 사실은 없다."

물론 이것은 궤변에 불과하다. 일본인 피해자들은 그들이 조선인으로 오인됐기 때문에 살해되었다. 바꿔 말하자면, 범인은 상대를 조선인으로 생각했고, 그래서 죽였다. 그런데 위 주장은 마치 당시 죽은 불특정의 사람들 중 우연히 조선인도 있었을 뿐이라는 식으로 말하고 있다. 조선인도 일본인도 마찬가지로 혼란의 희생양이었을 뿐이라는 식의 진술은 사실과 전혀 다르다.

9. 〈지바 현의 간토대지진과 조선인 희생자 추도 조사 실행위원회〉, 『이유 없이 살해된 사람들 : 간토대지진과 조선인』.
10. 〈간토대지진 50주년 조선인 희생자 추도 행사 실행위원회〉, 『역사의 진실 : 간토대지진과 조선인 학살』.

위에 소개한 잔인한 살해 방법들 또한 '조선인으로 여겨진' 상대를 향한 것이었다. 다시 말해 훨씬 많은 수의 조선인이 이런 잔인한 방법으로 살해되었다.

센다 코레야의 일화에서 간과할 수 없는 또 하나의 사실은 애초에 그가 단도와 지팡이를 무기로 들고 '불령선인'을 퇴치하기 위해 뛰쳐나갔었다는 사실이다. 우연히 그와 맞붙은 게 러시아인이었고, 또 우연히 그를 아는 사람이 거기 있었기 때문에 훗날 웃으며 말할 수 있는 상황으로 끝났지만, 거기서 마주친 사람이 조선인이었다면 어떻게 되었을까? 센다는 말한다.

"아마도 나 또한 가해자가 되었을 것이다. 그런 스스로에 대한 경계의 의미를 담아 나는 센다 코레야, 즉 센다가야의 코레안^{Korean}이라는 예명을 지었다."11

11. 『결정판 소화사 4』.

75년 후 발굴된 유골

나라시노 수용소에서 살해된 사람들

8일 가게 다자에몽의 도미지에게 부탁해서 쇼하쿠에서 보낸 쌀
이랑 야채들을 가지고 가 달라고 했다. 고이시가와로 2말, 혼고
로 2말, 아자부로 2말. 아침 3시경 출발해서 또 선인을 받으러
간다. 9시경에 두 명을 받아온다. 합쳐서 다섯 명을 나기노하라
의 산지기 무덤가에 구멍을 파서 앉힌 후 목을 베 죽이기로 결
정. 첫 번째, 구니미쓰는 싹둑 훌륭하게 목을 잘랐다. 두 번째로
게이지는 우두둑, 힘을 줬지만 '반 정도밖에 잘리지 않았다. 세
번째, 다카지가 휘두른 칼에 목 피부만 조금 남았다. 네 번째,
미쓰오는 구니미쓰가 벤 칼로 다시 훌륭하게 한 번에 베어 버
렸다. 다섯 번째, 기치노스케는 힘이 모자라 반 정도밖에 자르
지 못하고 결국 두 번째 칼질로 마저 끝냈다. 구멍 속에 넣고 묻

어 버린다. 모두 피곤했던 모양. 다들 여기저기서 자고 있다. 밤이 되면 또 각자가 경계를 서는 곳으로 간다.[12]

지바 현 야치요시 다카쓰 지구에 살던 한 주민이 남긴 일기이다. 1923년 9월 8일, 마을 사람들이 조선인을 참살한 날의 일을 기록하고 있다. 이 사건의 희생자들은 다른 사건들과 다르다. 그들은 자경단의 검문에 의해 잡힌 사람들이 아니라 그들은 나라시노 수용소에 '보호' 중이던 사람들이었다. 군은 비밀리에 조선인을 수용소 밖으로 데리고 나갔고 다카쓰, 오와다, 오와다 신덴, 가야다 등 주변의 마을 사람들로 하여금 그들을 죽이도록 했다.

이미 말했듯이 9월 4일, 계엄사령부는 도쿄 부근의 조선인을 나라시노의 포로수용소 등 몇 곳에 수용하고 '보호'한다는 방침을 정했다. 자경단에 의한 살해가 계속될 경우 국제적인 비난을 받을 것은 물론 일본의 조선 지배까지 위태로워질까 봐 두려웠던 것이다.

자경단을 구속해야 할 상황에서 오히려 피해자인 조선인을 구속하고 그들의 자유를 제한하는 것은 명백히 부당한 일이다. 그럼에도 불구하고 그렇게라도 폭도가 된 군중으로부터 조선인을 구하고 안전을 확보하지 않을 수 없는 상황이었다. 이를

12. 강덕상, 『간토대지진 : 학살의 기억』.

테면 앞서 소개한 정치요의 일가는 수용 이후 무사히 집으로 돌아갔다. 3천 명 이상의 조선인을 수용했던 나라시노 수용소는 약 2개월이 지난 10월 말에 폐쇄된다.

문제는 그 사이에 수용소에서 이해 불가능한 일이 일어나고 있었다는 점이다. 나라시노 수용소로 호송되는 인원수와 수용 인원수를 매일 기록하던 후나바시 경찰서 순사부장 와타나베 요시오는 '하루에 두세 사람씩 그 수가 모자란다'는 것을 알아차린다. 그러다가 그는 수용소 부근 파출소의 경찰관에게 어떤 이야기를 듣게 된다. 아무래도 군이 지역의 자경단을 시켜 조선인을 살해하고 있는 것 같다는 것이었다.

당시 수용소에 수감되어 있던 신홍식(당시 18세의 학생) 또한 납득하기 어려운 체험을 하고 있었다. 그는 수용소 안에서 조선인의 자치활동을 조직하고 있었는데, 같이 활동하는 동료가 확성기로 호출되어 불려 간 후엔 영영 돌아오지 않는 일이 반복되는 것이었다. 군인들에게 물어보면 '지인이 찾아왔다', '친척이 왔다'는 식으로 둘러댄다. 하지만 인사조차 없이 떠난다는 것은 역시 이상했다. 신은 의문을 안은 채 수용소를 떠나게 되었다.

군이 이웃 마을 사람들을 시켜 조선인을 살해한 사실이 밝혀진 것은 패전 후이다. 강덕상은 수용 인원수와 출소자 수 누계 사이에 300명에 가까운 차이가 있었다고 말한다. 수용되기 전에 입은 부상으로 인해 사망한 사람들도 꽤 있겠지만 그 차

이는 살해된 사람들의 존재를 품고 있었다. 강덕상은 '사상적으로 문제가 있다'고 지목된 사람들이 불려 나가 살해당했을 것이라고 추측한다.

기록이나 증언을 통해 살해를 저지른 마을 사람들의 심정을 파악하기는 어렵다. 하지만 그들은 이후 명절마다 현장에서 향을 피우고 경단을 올리는 등 제사를 지냈던 모양이다. 앞에 소개한 일기에서 살해 현장으로 등장한 '나기노하라'에는 언제부턴가 솔탑파[13]가 세워져 있었다.

다카쓰의 노인들이 무거운 말문을 연 것은 1970년대 후반의 일이었다. 계기는 나라시노 시에 있는 한 중학교의 향토사 동아리의 아이들에 의한 구술사 조사였다. 그 당시 이야기를 들으러 온 아이들에게 지역 노인들이 증언을 하기 시작했다. 위에서 말한 일기 또한, 중학생들이 당시 일어난 일들을 조사한다는 얘기를 들은 주민이 '아이들에게는 마을의 역사를 올바르게 전달하고 싶다'며 학교에 가지고 온 것이었다.

같은 시기에 후나바시 시를 중심으로 조선인 학살의 역사를 발굴하는 시민 단체도 결성되었다. 1982년 9월 23일엔 다카쓰 구민 일동에 의한 불교식 추모 행사가 행해졌다. 그들의 활동이 열매를 맺었다고 말할 수 있을 것이다. 나기노하라에는 그 지역의 관음사 주지가 새로운 솔탑파를 세우기도 했다. 솔

---

13. [옮긴이] 솔탑파. 불교식 탑으로 종종 묘가 있는 곳에 세운다. 간략하게 나무판으로 만들기도 한다.

탑파에는 "一切我今皆懺悔"(그 모든 일을 나는 지금 참회한다)는 글귀가 새겨져 있었다.

1998년 9월 다카쓰 구의 총회는 지역에서 적립해 온 수백만 엔을 사용하여 현장을 발굴하기로 결정한다. "이 문제를 아이들이나 손자들에게로 넘기면 안 된다"는 마음이었다. 자식과 손자들 앞에서 자신이 저지른 잘못을 인정하는 것은 결코 쉬운 일이 아니다. 관음사 주지를 비롯한 여러 사람들의 끈질긴 설득으로 인한 결정이었다.

여덟 시간에 걸친 발굴 끝에 여섯 구의 유골이 나타났다. 경찰의 검시를 통해 사후 수십 년이 지난 그 유골들이 당시의 희생자라는 것을 확인했다. 유골들은 관음사로 옮겨지고 1999년에는 경내에 위령비가 건립된다. 같은 해 1월 12일에 『아사히 신문』은 다음과 같이 현지 노인의 말을 전한다.

"제대로 제사를 지내고 추모하지 않으면 안 된다고 마음속으로는 다들 생각하고 있었다. 시대가 흐르면서 모두들 선조들의 행동보다 군대를 거역할 수 없었던 그 당시의 비정상적인 분위기가 문제였다고 그렇게 생각하게 되었다."

"저 조선인들에게는
손가락 하나 못 댄다"
이웃을 지킨 마을 사람들

그런데 3초메와 마코메자와의 자경단이 흉기를 가지고 몰려 들어왔어요. 마루야마에 조선인이 둘 있다면서 그들을 살려 둘 수 없다는 거죠.(중략) 도쿠다 야스조라든가 도미조라든가 그런 애들은 "오늘 밤에 틀림없이 놈들이 올 텐데, 와도 넘겨주지 말아야지. 놈들이 오면 금방 죽여 버릴 거야"라든가, "나쁜 일도 안 한 사람들인데. 마을 사람들과 애정을 나누며 살아왔는데 아무리 조선인이라도 넘겨주지 않을 테다" 뭐 그런 말들을 했지요. (중략)

마루야마의 자경단은 대여섯 명뿐이었는데 그 두 사람을 지키려고 머리띠를 매고 숫자는 적지만 아무튼 위엄이 있었어요. 그들은 사십 명 정도 왔어요. 총이나 칼을 들거나 창을 들거나 하고. 주변에 대나무 숲이 있는 언덕 위쪽에 마루야마가 있고, 아래에 그들이 있는 거예요. 그들은 조선인을 넘기라고 하고, 이쪽은 안 넘긴다고 하고. (중략)

도쿠다 오사무가 가장 앞에 서서 "아무것도 나쁜 일을 안 했는데 왜 죽여야 하냐. 너희한테 아무 해도 안 끼친다. 우리 젊은이들이 경찰에게 넘길 테니 돌아가!"라는 식이었지요. 걔는 몸은 작았는데 싸움은 강했으니까. 그랬더니 저쪽에서 "뭐야? 이씨! 너부터 먼저 쳐 죽여 버리겠어"라는 식으로 말하는 거예요. 그랬더니 야스조가 이래요. 그때 마흔다섯 정도였을까 모르겠네. "죽일 테면 죽여 봐. 니들이 아무리 해 봤자 우리는 목숨을 걸고 안 넘겨줄 테다. 죽일 거면 나부터 먼저 죽여라!" 그 위엄에 놀라기도 하고, 아무튼 이러면 안 되겠다고 생각했던 게 아닌가 싶은데. 설마 일본인을 죽일 수도 없었을 거고. 그러니까 마지막으로 "그럼, 니네가 정말 경찰로 넘길 거냐?"라고 물어보더라고. "보낸다! 그런 걸 갖고 이 난리를 치냐! 저 조선인들한테는 손가락 하나 못 댄다. 너희들한테는 죽일 자격 없당께." 뭐 그런 말을 하면서 싸우다가 그냥 헤어졌어요.

그날 밤 다들 밤잠을 자지 않고 교대로 두 조선인을 지키고 있었어요. 그러다가 지진이 일어난 4일 후인가? 아무튼 다음 날 후나바시 경찰서로 그들을 보냈지요. 그리고 나선 나라시노에 철조망이 있는 조선인 수용소라는 곳에 이송되었다고 합니다. 거기로 보내진 자들은 헌병이 지켰다고 하네요.[14]

마루야마 마을에 살았던 도쿠다 게이조의 증언이다. 그는 당시 스물네 살이었다.

마루야마 마을은 현재, 지바 현 후나바시 시 마루야마에 해당한다. 당시는 호덴무라에 속해 있었다. 20가구 정도가 거주할 뿐인, 작고 가난한 마을이었다. 정비된 논도 없고, 토지를 가지고 있는 것은 두 가구에 불과하며 나머지는 모두 소작인이었다.

마루야마에는 지진 2년 전부터 두 명의 조선인이 살고 있었다. 일본 이름은 '후쿠다'와 '기노시타.' 두 사람은 모두 키가 큰 편이었지만 후쿠다는 듬직한 체격이고 기노시타는 날씬했다. 호쿠소 철도(현재는 도부 노다 선) 건설공사 때 들어왔지만 공사가 끝난 후에도 마루야마에 있는 당집을 빌려 살고 있었다. 두 사람은 마을 사람들과 친근하게 지냈다. 주민인 무토 요시는 둥근 얼굴의 후쿠다가 매일 자신의 집에 와서 오랫동안 수다를 떨다가 가곤 했던 것을 기억하고 있었다.

"마루야마에서 죽는 자를 만들지 말자." "그 두 사람은 놈들한테 넘기지 않겠다" 그렇게 마을 사람들을 설득하고 단결시킨 것은 도쿠다 야스조이다. 당시 40세 전후였던 도쿠다 야스

14. 〈간토대지진 50주년 조선인 희생자 추도 행사 실행위원회〉, 『역사의 진실 : 간토대지진과 조선인 학살』.

조는 옳지 않다고 생각하면 이장에게까지 호통을 칠 정도로 정의감이 강한 사람이었다. 마루야마 사람들도 그를 인정하고 있었다.

1923년 9월 4일 후나바시 주변 여기저기에서 자경단에 의한 조선인 학살이 일어나고 있었다. 가장 규모가 컸던, 후나바시역 북쪽 출구 주변에서 일어난 학살에서는 38명이 살해되었다. 야스조는 이 학살을 직접 목격했다고 한다. 어린아이가 "아이고!"라고 외치며 울부짖는 모습이 뇌리에 박혀 있다고 만년에도 이야기했다고 한다. 친하게 지내던 후쿠다와 기노시타가 그렇게 살해되는 것을 가만히 보고 있을 수는 없었을 것이다.

작고 가난한 마루야마 마을 사람들에게 있어 주변 마을의 의향을 거스르는 것은 대단히 위험한 행동이었을 터이다. 그러나 마루야마 사람들은 야스조의 말에 공감했고, 하나같이 손에 낫이나 괭이, 심지어는 '거름을 긁는 막대기'까지 쥐고 자경단의 침입을 막았다. 어떻게 그런 일을 할 수 있었을까. 돌이켜 생각해 보면 불가사의한 지경이라고 훗날 도쿠다 게이조는 말한다.

불침번을 서며 두 사람을 지킨 다음 날(5일경), 마루야마 사람들은 두 사람을 경찰서로 데리고 갔다. 그대로 그들을 마을에서 지키는 것은 불가능하다고 여겼기 때문이다. "배웅할 때는 울면서 헤어졌어요"라고 당시를 기억하는 무토는 말한다.

일 년 후 두 사람은 건강한 모습으로 인사하러 왔다.

"그때 어떤 장난스러운 사람이 '너희들이 목숨을 건져 경사스럽다. 그런데 우린 조선 춤을 본 적이 없다. 춤출 줄 알면 보여 줄 수 있어?'라고 했어요. 두 사람이 눈물을 흘리면서 아리랑 아리랑하며 춤을 춰 줬어요."(도쿠다 게이조)

그 후 도쿠다 야스조는 마루야마에서 농민조합을 결성하고 소작인의 권리를 위해 싸웠다. 다른 지역의 소작쟁의를 응원하러 가다가 몇 번이나 경찰에 체포되고 가택 수색까지 받았지만 굴복하지 않았다. 1926년에 노동농민당이 결성되자 당원이 되었다. 1969년 86세로 영면했다.

무토 요시의 남편 인조는 그 후로도 조선인 고물상이 오면 몇 시간씩 이야기를 하곤 했다. "조선인도 일본인도 똑같다"라고. 말년에는 후나바시 시에서 열린 조선인 학살 피해자의 위령제에 매년 참가했다.

간토대지진 당시의 조선인 학살에 관한 기록을 읽다 보면 이처럼 조선인을 숨겨 주고 지킨 일본인이 있었다는 것을 발견하게 된다. 그렇게나 가볍게 수많은 조선인이 목숨을 빼앗기는 와중에도, 비밀리에 때로는 공공연하게 조선인을 숨기고 지킨 사람들의 기록과 종종 마주친다. 다락에 숨겼다, 막 살해될 뻔한 아이를 데리고 도망쳤다 등.

'조선인을 지킨 일본인'의 이야기 중 가장 유명한 것은 요코하마의 쓰루미 경찰서 서장 오카와 쓰네키치의 일화일 것이다. 경찰서를 포위한 1천 명의 군중 앞에 서서 "조선인을 죽이려면 먼저 이 오카와를 죽여라"라고 선언했다고 한다.

이 일화는 1990년대를 풍미한 베스트셀러 『교과서가 가르쳐 주지 않는 역사』(후지오카 노부카쓰 및 자유주의사관연구회 지음, 1996년)에도 등장했다. 아이들이나 젊은이들이 일본을 자랑스럽게 생각할 수 있는 역사적 일화를 모은 것이 이 책의 컨셉이었다고 기억한다. 그러나 나는 오카와 서장이 이런 문맥에서 거론되는 것에 위화감을 느낀다.

물론 오카와 서장은 존경할 만한 인물이다. 하지만 수많은 일본인들이 경찰과 군대까지 동원해서 조선인 학살에 가담한 상황에서, 그것을 거절한 인물을 후세의 일본인이 '자랑스러운 일본인'이라고 기억하는 것은 역시 이상하지 않을까? 중요한 것은 조선인 학살이 명백히 '자랑스럽지 않은 역사'라는 것을 먼저 인식하는 것이다. 쉰들러 한 사람의 존재가 독일이나 나치에게 면죄부를 줄 수 없는 것과 마찬가지다. 너무나 제멋대로이고 안이한 발상이라는 비판을 받아도 할 말이 없지 않을까.

또 하나는 학살을 거부한 많은 일본인 중 군이 경찰서장을 선택해 소개하는 것에 대한 위화감이다. 조선인을 숨긴 서민들의 이야기는 많다. 하숙하는 사람을 빈방에서 숨겨 준 하숙집 주인. 일본도를 손에 쥐고 직공을 지킨 공장 경영자. 조선인 노동자를 지키다가 자기도 반죽음을 당한 일터의 우두머리. 아오야마 가쿠인의 기숙사에서는 아이들을 포함한 7, 80명의 조선인을 숨겨 줬다고 한다. 이때 그들이 지키고자 한 것은 자기 이웃들과의 소소한 관계였지 '일본인의 자존심'이 아니다.

〈자유주의사관연구회〉 사람들이 '(조선인을) 지킨 일본인'으로 서민이 아니라 경찰서장을 뽑은 이유는 무엇일까? 그들이 자랑하고 싶은, 옹호하고 싶은 '일본'이라는 것이 이성을 잃은 군중을 혼내는 경찰서장에 의해서만 표상되는 '무언가'이기 때문은 아닐까. (애당초, 시민의 목숨을 지키는 것은 경찰의 '직무'이지 자랑거리가 아니다.)

이성을 잃고 흥분한 '일본' 군중이 '조선인'을 죽이라고 외칠 때, 그 앞에서 혼자 막아서는 사람을 지탱하는 것은 '일본인의 자존심'이 아니라 '인간으로서의 긍지'가 아닐까? 나는 조선인을 숨겨 주었다는 기록을 마주칠 때마다 그 9월의 일본인 중에도 '인간'이고자 했던 이들이 있었음을 느낀다. 물론 오카와 서장 또한 경찰관으로서의 당연한 직무를 수행함으로써 '인간'이고자 했을 것이다.

조선인을 죽인 일본인과 조선인을 지킨 일본인. 그 사이에는 어떤 차이가 있었을까? 조선인 학살을 연구하는 야마기시 시게루는 조선인을 지킨 사례들의 경우, "일본인과 조선인 사이에, 설령 그것이 차별적인 관계일지언정 어떤 일상적인 인간관계가 성립되어 있었"다고 말한다. 즉 실제로는 조선인과 말 한마디 해 본 적도 없는 패거리들과 달리 평소에 조선인 누군가와 관계를 가지고 있던 사람들 중에 이런 '지킴이'가 나타났다는 얘기다.

어찌 보면 너무나 당연한 이야기이다. 그러나 이런 당연한 이야기를 거꾸로 볼 때 '증오범죄'hate crime라는 게 무엇인지 그 윤곽이 보이기 시작한다.

사회는 수많은 사람들의 사이를 잇는 그물코로 형성된다. 거기에는 지배, 억압, 차별이라는 힘이 작동하는 한편, 그런 힘에 왜곡되면서도 서로 도와주려 하는 관계들 또한 확실히 존재하고 있다. 그리고 그런 관계들이야말로 평범한 일상을 지탱하고 있다.

당시 식민지 지배라는 구조 속에서 심각하게 왜곡되었을지언정, 살아 있는 일상의 장에서 만나는 조선인과 일본인은 동료이거나, 거래 대상, 혹은 친구이며 부부로 관계를 맺었다.

그러나 학살자는 어떤 한 사람으로서의 조선인을 '적＝조선인'이라는 기호로 바꿔 '비인간'화하고, 그것에 대한 폭력을 선동한다. 누군가의 동료이며 친구인 어떤 사람에 대한 폭력을 '우리 일본인'의 적에 대한 방위 행동이라는 식으로 정당화한다. 그 결과 '우리 일본인'이라는 집단이, 사람이 살고 있는 터전을 함부로 짓밟는 상황이 벌어진다. 집에 난입해 들어온 자경단이 일본인 부인의 눈앞에서 조선인 남편을 죽였다는 증언도 있다. 증오범죄가 얼마나 무서운지를 단적으로 보여 주는 예이다.

증오범죄는 우리의 일상을 지탱하는 가장 기본적인 작은 연결들을 파괴한다. 지극히 일상적이고 소소한 신뢰 관계를 지키기 위해 위험을 무릅쓴 사람들. 그들의 존재는 일상생활의 터전에 난입해 들어와서 '이놈은 조선인, 이놈은 적'이라고 외치며 폭력을 선동하는 증오범죄가 얼마나 악랄하며 무서운 것인지를 보여줄 뿐, 자존심 따위와는 무관하다.

우리는 중요한 사실을 완전히 망각하고 있다. 그것은 바로, 우경화의 위험성을 점점 자각하기 시작했던 1990년대에 '일본의 자존심'을 외치던 사람들이 자경단으로부터 조선인을 지킨 오카와 서장을 영웅으로 추앙했다는 사실이다. 오늘날, 다시 동일한 부류의 사람들이 자경단을 영웅으로 치켜세우고 있다. 간토대지진 당시의 조선인 학살이야말로 '자경단이 나쁜 조선인을 정벌한 사건'이라고 떠들어 대면서 말이다. 새삼스러운 이야기이기는 하지만 일본 사회의 의식이 직면해 있는 이 심각한 상황에 소름이 끼칠 뿐이다.

화석이 되어라, 이 흉한 해골아!

아키타 우자쿠의 '쓸쓸함'

아키타 우자쿠(1883~1962)는 극작가 겸 동화 작가로 알려져 있다. 간토대지진 당시 마흔이었다. 지진이 일어나기 수년 전부터 사회주의 사상에 접근하면서, 휴머니즘적인 작풍으로 주목을 받았다.

1923년 9월 1일, 그는 아키타 현에 있었지만 지진 소식을 듣고 도쿄로 돌아간다. 조시가야에 있는 자택에 도착한 것은 6일. 가는 길에 그는 살인 행각을 자랑하는 자경단원들과 그것을 당연한 듯 받아들이는 군중을 목격한다. 당시 많은 조선인 유학생들과 친하게 지내며 그들의 인간성과 민족 해방에 대한 생각에 공감하고 있었던 아키타에게 이는 큰 충격이었다. "나는 쓸쓸했다!"라는 말로 일본인 동포 사이에서 느낀 고립감을 표현한 글이 남아 있다.

다음 해 4월, 그는 희곡 『해골의 무도』를 발표한다. 조선인 학살에 대해 갖는 인간으로서의 분노를 직설적으로 내던지는 작품으로서 그의 대표적인 희곡으로 꼽힌다.

이야기의 무대는 지진 직후 도쿄에서 도호쿠 방면으로 150리 떨어진 N역. 시간은 심야. 상처를 입은 피난민이 수용된 구호 천막 안. 완전히 지치고 신경이 날카로운 사람들로 가득하다.

한 노인이 걱정스럽다는 듯이 조선인 습격에 대한 소문을 말하자 주인공 청년은 그 소문을 부정하며 조선인이 학살되고 있는 사실을 전한다. "저는 일본인이 정말 싫어졌습니다. 좀 더 침착하고 인간적인 국민이라고 생각했습니다. 그런데 이번 일로 완전히 배신당한 기분입니다." 이어서 그는 이렇게 말한다. "저는 국민으로서의 일본인에게 실망하기는 했지만 인간으로서의 일본인에게 실망한 것은 아닙니다."

잠시 후 자경단 패거리가 천막으로 들어온다. 갑옷과 진바오리[15], 재향군인의 제복을 입고 손에는 창이나 칼을 쥔 고풍스럽고도 우스운 복장이다. 이 천막 속에 조선 놈이 숨어 있다고 선언한 그들은 곧 청년과 노인 뒤에 숨은 젊은 남자를 발견

---

15. [옮긴이] 진바오리는 전국시대 장수가 전장에서 입었던 조끼와 비슷한 옷이다. 생활복으로 개량된 경우도 있지만, 옷을 입은 사람의 힘이나 권위를 강조하기 위해 화려한 색채로 장식된 경우가 많다.

한다. "저는 아무것도 안 했어요", "저는 일본인이에요"라며 필사적으로 부정하던 남자는 자신이 태어난 해를 일본 천황의 연호로 말하는 데 실패하고 만다. 겁에 질린 그의 말투를 흉내 내며 자경단은 비웃는다.

그때 주인공 청년은 "그만하라! 너희들에게 무슨 권리가 있어서 그런 것을 물어보는 거냐?"라고 항의한다. 뒤이은 연설은 아키타 우자쿠의 절규 그 자체이다.

갑옷, 진바오리, 유도복······.당신들은 도대체 입을 옷이 없는 건가?
(중략)
당신들의 말처럼 이 사람은 조선인일지도 모른다.
하지만 조선인은 당신들의 적이 아니다. 일본인, 일본인, 일본인,
일본인은 당신들에게 무엇을 했는가? 일본인을 괴롭히는 것은 조선인이 아니라 일본인 자신이다!
그런 간단한 사실을 제군은 모르는 것인가?
(중략)
이 사람에게도 적은 있을 것이다.
하지만 그것은 당신들이 아니다.
당신들은 모른다. 아무것도 모른다.
아무도 알려 주지 않았다. 또 아무것도 알려고 하지도 않는다.

당신들의 동료들은, 이 사람의 친구를

죄도 무기도 없는, 한 장의 잎사귀같이 착하고 순진한 사람

들을,

당신들의 동료들은 이유 없이 죽인 것이다!

(중략)

이 사람이야말로 진정한 인간이다!

당신들은 도대체 무엇인가? 당신들이 가지고 있는 것은,

곰팡이가 핀 죽은 도덕뿐이다.

갑옷이나 진바오리는 골동품으로 가치가 있을 것이다.

하지만 살아 있는 인간에게 대체 어떤 가치가 있는가?

만약에 제군의 심장 속에 피가 흐르고 있다면,

제군은 제군 자신의 옷이 필요할 것이다.

그 갑옷을 벗어 보시라, 그 진바오리를 벗어 보시라,

제군은 생명이 없는 꼭두각시다! 시랍死蠟이다!

미이라! 해골이다!

청년의 격심한 항의에 자경단 사람들은 증오의 눈초리를

보낸다.

"불령일본인이다……"

"주의자다……"

"위험인물이다……"

"두 명 모두 해치워라!"

노인은 당황하고 여자들은 울부짖는다. 천막 안은 혼란에 빠진다. 자경단이 다가오는 가운데 청년은 조선인 젊은이의 손을 쥐고 말을 잇는다.

몇 백 명, 몇 천 명이 몇 백 년, 몇 천 년 전부터,

자기가 사랑하는 민중을 위해, 살해되었을까?

우리는 우매한 민중에 아첨하기 위해 태어난 것이 아니다.

싸우다 죽기 위해 태어난 것이다!

정의와 우정을 위해 죽어, 가는 것이다……

(중략)

새로운 신비여! 힘과 우정의

새로운 인류의 결합을 위해, 태어나는 신비여!

피어오르라. 이 영혼 없이 흉측한, 음흉하게 숨어 있는 곰팡이를 털어 내자!

비열한 조상숭배의 허위와 영웅주의와 민족주의의

가면을 벗겨 내고, 흉한 해골들을 춤추게 만들어라.

교향악단이여, 잠시 기다려 달라,

화석이 되어라, 이 흉한 해골아!

화석이 되어라, 이 흉한 해골아!

청년이 외치자, 갑옷에 진바오리나 머리띠를 한 놈들이 칼

을 들어 올린 채 화석으로 변해 버린다. 이어서 "해골이여, 춤추어라!"라고 명령을 하면 해골이 된 자경단은 음악을 타고 격렬하게 춤을 추기 시작하다 점점 약해진다. 무대 입구에서 날카로운 웃음소리가 들린다.

죽은 사람들이여 잘 웃어 주었다!
교향악단이여, 마지막으로 이별의 론도를⋯⋯
흉한 해골이여, 뛰어 사라져라!

해골들은 관절들이 꺾이며 땅에 쓰러진다. 순간적으로 무대는 암흑에 뒤덮인다. 다시 희미하게 불이 들어온 천막 안에서 여자들이 흐느끼고 있다. 간호부가 조용히 입을 연다.

"안됐습니다.⋯⋯ 하지만 역시⋯⋯"

이렇게 이야기는 두 사람의 죽음을 암시하며 끝난다.

1923년 11월, 아키타 우자쿠는 『요미우리신문』에 조선인 학살에 대한 논고를 발표한다. 「민족 해방의 도덕」이라는 제목의 이 논고에서 그는 자경단의 잔학성이 "전쟁에 의해 국가적 지위를 확립한" 일본에서 "도덕의 성질을 띠고 있다"고 지적하면서, 일본인은 "국민도덕"에서 해방되어 "진정 넓고 자유로우며 새로운 도덕", "인류 공존의 생활"로 나아가야 한다고 주장한다. 그는 또 "만약 일본이 오늘날의 국민교육 혹은 민족정신과 같은 것을 받아들이고 계속 덮어 나가면, 일본인은 분명히 몇 번이고 거듭 흉측한 잔혹성을 드러낼 뿐 아니라 일본 민족이 가지고 있는 좋은 자질조차 잃어버릴 것"이라고 경고한다.

그는 자경단의 폭력 속에서 일본의 앞날을 뚜렷이 내다보고 있었다.

"그대들은
누구를 죽였다고 믿는가"
오리구치 시노부가 본 일본인의 다른 면모

이 땅의 사람들 속마음이 사나워진 세상을 맞이한 뒤
얼굴 예쁜 아이들조차 믿지 못하게 되도다

다이쇼 12년의 지진 당시 9월 4일 저녁, 나는 여기(조조지 산
몬)를 지나 시타야, 네즈 쪽으로 향했다. 자경단이라는 단체의
사람들이 칼을 뽑아 쳐들고 나를 둘러쌌다. 그들의 표정을 나
는 잊지 않는다. 전쟁 때에도 떠올렸다. 전쟁 후에도 떠올렸다.
평온한 삶을 즐기는 대지의 사람들이라고 생각해 왔건만, 한
번 사건이 터지자 저렇게 거칠게 되어 버렸다. 그 시대를 맞이
한 이래 나는 이 나라에서 마음을 잡아끄는 예쁜 얼굴의 여자
들을 봐도, 마음을 허락하고 사모하는 그런 일을 못 하게 되어

버렸다.16

오리구치는 민속학, 시가와 소설 등 넓은 영역에서 활동한 사람이다. 와카의 시인으로서는 '샤쿠초쿠'釋迢空라는 이름을 사용했다. 하지만 오리구치라고 하면 역시 민속학 연구가 먼저 떠오른다.

오리구치 민속학의 개념 중에 널리 알려져 있는 것은 역시 '마레비토'론일 것이다.17

일본 민속학의 시조로 불리는 야나기타 구니오(1875~1962)는 일본 신의 기원을 공동체의 동질성을 보장하는 조상 숭배 속에서 찾았다. 반면 오리구치가 신의 기원을 찾은 곳은 공동체 밖이다. 그는 먼 이향異鄕, 이계異界에서 도래해 복을 가져다주는 이질적인 '마레비토신'에 대한 신앙이야말로 신의 기원이라고 생각했다.

바다 너머의 다른 세계 '니라이카나이'에 대한 신앙과 괴상한 옷을 입은 마레비토가 마을에 찾아오는 '아카마타, 구로마타' 축제가 오키나와 사람들에게 여전히 중요한 의미를 갖고 있다는 것을 오리구치는 알게 된다.

---

16. 『일본 근대 문학 대계 46권 오리구치 시노부 집』, 오리구치 시노부가 자신의 와카에 대해 쓴 주석에서 인용. [와카(和歌)는 5.7.5.7.7의 운율로 된 고전적인 정형시. 단카(短歌)라고도 함. ─ 옮긴이]
17. [옮긴이] 마레비토는 객인, 귀한 손님이라는 뜻이다.

그 후 그는 두 번에 걸쳐 오키니와를 방문하여 조사한다.

그는 1923년 9월 1일을 기타큐슈 모지 항에서 맞았다. 두 번째 오키나와 여행을 마치고 돌아오는 길이었다. 9월 3일 밤에 요코하마에 상륙한 그는 4일 정오부터 밤까지 계속 걸어서야 야나카 기요미즈[현 이케노하타. 도쿄 대와 우에노 공원 사이에 위치 — 옮긴이]에 있는 자택으로 겨우 돌아갈 수 있었다.

집으로 가는 도중 그는 '비참함과 잔학함의 다양한 모습'을 목격한다. 그리고는 가학적인 자경단의 모습에 이렇게 한탄했다. "인간의 처참함과 비열함을 뼈저리게 느꼈다. 이때의 마음은 3개월, 아니 반년이 지나도 원래대로 돌아오지 않았다." 그 자신이 조조지 절 문 앞에서 자경단에 에워싸인 것은 그날 저녁의 일이었다. 그는 그동안 보지 못했던 이 나라 사람들의 다른 면모를 봤다고 생각했다.

이 충격을 '매끄러운 박자'를 가진 종래의 단카로는 표현할 수 없다고 생각한 오리구치는 네 줄, 네 개의 구절로 된 4구체의 시형을 만들어 내고, 그렇게 쓴 십여 편의 작품을 실은 작품집 『모래연기』를 발표한다.[18] 그 작품들 속엔 그가 목격한 지진 직후의 도쿄가 거칠고 성긴 촉감으로 표현되어 있다.

---

18. 이 글에서는 『모래연기』의 초판을 인용했다. 이후 시를 엮는 과정에서 오리구치는 계속 손을 봤다고 한다. 예를 들면 마지막 시는 "그대들은/ 누구를 죽였다고 생각하나. /그 귀한 / 폐하의 이름을 걸고서./ 무서운 주문이다. /만세/ 만세에"로 되었다.

밤이 되었다 ─.

또 촛불과 헛소문의 밤이다.

캄캄한 거리를 쇠몽둥이 끌고
야경에 나가자

귀여운 아이들이 ─
큰 길에서 철벅철벅 막대기질
그 소리 ─.
불령 귀순민[19]의 시체의 ─.

그대들은 누구를 죽였다고 믿는가.
폐하의 이름으로 ─.
무서운 주문이다.
폐하만세 마아아안세에에

그대들은 누구를 죽였다고 믿는가? 천황의 이름으로, 라고
그는 묻는다.
'누구' 라는 것은 기이한 물음이다.
그때 살해된 것은 누구였을까? 무엇이었을까?

19. '귀순민'이란 조선인을 가리키는 말이다. '한국 병합'으로 일본에 '귀순'한 사람
들이라는 의미로 당시 사용되었다.

"하물며 살육을 기뻐하다니"

아쿠타가와 류노스케의 반어법

나는 선량한 시민이다. 하지만 내 소견으로 기쿠치 간은 선량한 시민 자격을 가질 수 없다.

계엄령이 선포된 후 나는 여송연을 입에 문 채 기쿠치와 잡담을 하고 있었다. 잡담이라고는 해도 지진에 관한 이야기뿐이었다. 그러던 중 내가 말했다, "이번 대형 화재의 원인은 ○○○○○○○라며."[20] 그 말에 기쿠치는 눈썹을 치켜 올리면서 "자네, 그건 웃기는 소리지!"라고 일갈했다. 뭐, 그런 말을 들은 상황이다 보니 "뭐어, 사실이 아니겠지"라고 대꾸할 수밖에 없었다.

하지만 말이 나온 김에 나는 다시 한 번 말했다, "뭐 들리는 소

---

20. ○는 검열되었다는 것을 나타내는 활자. ○○○○○○○는 '불령선인의 방화', 이어서 나오는 ○○○○는 '불령선인'으로 생각된다.

리에 ○○○○은 볼셰비키의 앞잡이라던데." 기쿠치는 이번에도 눈썹을 치켜 올리며, "그런 건 말도 안 되지, 자네!"라고 호통을 쳤다. 나는 또 다시 "어, 그래? 이것도 거짓말인가 보군"이라고 말하며 바로 나의 설(?)을 철회했다.

한 번 더 내 소견을 말해 보자면, 선량한 시민이란 볼셰비키와 ○○○○의 음모를 믿는 자를 일컫는 것이다. 만에 하나, 도무지 믿을 수 없다 싶은 경우일지언정 적어도 믿고 있다는 듯한 표정이라도 지어야 하는 것이다. 하지만 야만적인 기쿠치 간은 그런 걸 믿지도 않거니와 믿는 척조차 하지 않는다. 이로써 선량한 시민의 자격 따위는 완전히 포기했다고 봐야 한다. 선량한 시민임과 동시에 용감한 자경단의 일원인 나로서는 기쿠치를 위해 진심으로 안타까워하지 않을 수 없었다.

뭐, 선량한 시민이 된다는 것은, ─ 여하튼 고심이 요구되는 일인 것만은 분명하다.[21]

아쿠타가와 류노스케(1892~1927)는 지진 당시, 도쿄 미술학교를 중심으로 형성된 문화예술인 마을 다바타의 자택에 있었다. 반상회에서 조직된 자경단에 참가했다. 그가 어떤 체험을 했는지 그것까지는 알려져 있지 않다. 이 부근에서 벌어진 조선인 살해에 관한 증언이 없으니만큼 아마도 큰 사건을 맞닥뜨리

21. 아쿠타가와 류노스케, 「다이쇼 12년 9월 1일의 대지진에 임해」 1923년 9월.

지는 않았을 것이다.

일독하면 알 수 있듯이 이 문장에서 그는 자경단의 일원이 된 자신을 광대로 삼아 조선인 폭동의 유언비어가 횡행하고 동조가 강요되는 세상을 비꼬며, 이에 현혹되지 않았던 친구 기쿠치 간(1888~1948)을 반어적으로 칭찬하고 있다.

그러나 이런 문장이라도 예상치 못한 방향으로 해석하는 사람이 있긴 하다. 논픽션 작가 구도 미요코(1950~)는 『간토대지진 「조선인 학살」의 진실』(2009)에서 다음과 같이 말하고 있다.

"아쿠타가와 류노스케는 대화재가 일부 조선인들의 범행에 의한 것이었다고 보고 있었던 듯하다."

"아무리 생각해도, 아쿠타가와 류노스케는 기쿠치 간에 대한 격분 끝에 자살을 택한 것처럼 보인다."

"발흥하는 공산주의가 남하하는 것을 일본의 위기로 판단한 아쿠타가와의 시대 인식 없이는 다이쇼라는 시대를 생각할 수 없다."

요약하자면, 아쿠타가와는 조선인 폭동을 믿었지만 기쿠치 간이 그것을 부정하자 울분을 못 이긴 나머지 4년 후에 죽음을 택했다는 것이다.

어이가 없어서 말이 안 나올 지경이다. 기쿠치 간이라는 사람은 아쿠타가와가 그의 생애를 함께 보낸 맹우盟友이다. 아쿠타가와가 쓴 여섯 통의 유서 중 한 통은 기쿠치에게 보낸 것이며, 그의 장례식에서는 기쿠치 간이 친구 대표로 조사弔辭를 읽었다. 모두가 알다시피 '아쿠타가와 상'을 창설한 것 또한 다름 아닌 기쿠치 간이었다. 그런 마당에, 기쿠치 간에 대한 분노가 아쿠타가와의 자살의 원인이라든가 아쿠타가와가 공산주의가 남하하는 것을 일본의 위기로 보고 있었다니 — 이 정도 되면 일본 근대 문학사를 완전히 지워 버리고 새로 쓰는 혁명적이고 진기한 설이라고 할 수밖에 없는데, 근거는 전혀 제시되어 있지 않다.

"만에 하나, 도무지 믿을 수 없다 싶은 경우일지언정 적어도 믿고 있다는 듯한 표정을 지어야만 한다"라는 문장을 앞에 두고, 평균적인 독해 능력을 가진 독자라면 어떻게 그것이 '빈정거림'이라는 걸 모를 수가 있을까? 구도는 "나는 거짓말쟁이다"라고 하는 사람을 만나면 그를 말 그대로의 "거짓말쟁이"라고 믿어 버리는 것일까?

참고로 말하지만 구도의 책은 간토대지진에서 일어난 것은 조선인 학살이 아니었다고 주장한다. 조선인 테러리스트 집단에 의한 폭동이 실제로 있었고, 자경단이나 군의 폭력은 그것에 대한 반격이었다는 얘기다. 여기서 그 내용에 대해서는 더 이상 언급하지 않겠다. 하지만 "아폴로 11호는 달에 가지 않았다"거나 "엘비스 프레슬리는 아직 살아 있다"라는 주장들과 동급으로 바보 같은 주장에 불과하다.

문제는 인터넷에 '조선인 학살 부정론'이 퍼지고 있다는 사실이다. 이 바보 같은 책을 서의 유일한 자료로 삼아서 말이다. 지진 직후의 신문에 난 선동 기사들을 '증거'랍시고 휘두르고 있는 그 책은 다름 아닌 '산케이신문 출판사'에서 출판되었다. 그 악랄함을 분명히 기록해 두고 싶다.

아쿠타가와가 자경단에 의한 조선인 학살에 대해 어떻게 생각했는지에 관해서라면, 그 당시 『문예춘추』에 연재된 『난쟁이 어릿광대의 말』 속의 '어떤 자경단원의 말'이라는 짧은 글에 분명히 나타나 있다.

"자, 경계 근무를 서자. 오늘 밤은 별도 나뭇가지에 선선한 빛을 비춘다"라는 문구로 시작하는 이 문장은, 한 자경단원의 심야의 독백으로 이어진다. 다바타에서 야간 순찰을 돌아야 했던 아쿠타가와 본인의 모습일 것이다. 그는 내일에 대한 걱정 없이 고요히 잠든 새를 칭송하면서, 지진에 의해 의식주의 안심을 빼앗긴 것만으로도 이토록 고통스러워하며 과거를 뉘우치고 미래를 불안해하는 인간은 '어쩌면 이토록 한심한 동물인가'라고 한탄하면서 다음과 같이 말한다.

그러나 쇼펜하우어는 — 자, 철학은 그만두게. 우리는 아무튼 저쪽으로 왔던 개미와 분명히 큰 차이가 없다. 만약 그것만이라도 확실하다면, 우리는 모든 인간다운 감정을 더욱 소중하게 여기지 않으면 안 된다. 자연은 다만 냉담하게 우리의 고통을 지켜본다. 우리는 서로 연민을 가져야만 한다. 하물며 살육을 즐거워하다니. 당연히 상대를 목 졸라 죽이는 것은 의논해서 이기는 것보다 손쉬운 일이다.

우리는 서로 연민해야 한다. 쇼펜하우어의 염세관이 우리에게 준 교훈은 바로 그런 것이 아니었을까?[22]

아쿠타가와가 조선인 학살을 어떻게 받아들이고 있었는지는 이미 분명하다.

참고로 연구자 세키구치 야스요시(쓰루 문과 대학 명예교수)에 따르면, 흔히 '예술지상주의자'로 알려져 있는 아쿠타가와는 생애 전반에 걸쳐 사회 현실에 대해 강한 관심을 가지고 있었다. 1910년대 후반 이후 아쿠타가와는 사회주의에 관심을 가지고 있었다고 한다. "사회주의는 시비곡직의 문제가 아니라, 하나의 단순한 필연이다"라고 썼을 정도이다.

그는 동아시아의 상황에도 눈을 돌리고 있었다. 지진 2년 전에는 중국을 방문했으며 5·4 운동 이후 중국의 항일 기운에 대해서도 언급한다.

혁명가 장병린(1868~1936)의 "내가 가장 혐오하는 일본인은 도깨비 섬에서 도깨비를 정벌한 모모타로이다"라는 말에 촉발되어, 간토대지진 다음 해에는 「모모타로」라는 단편을 썼다.

---

22. 아쿠타가와 류노스케, 『난쟁이 어릿광대의 말』, 1923년 11월 [번역은 『난쟁이 어릿광대의 말』, (양희진 옮김, 문파랑, 2012)을 바탕으로 해당 번역본에서 생략된 부분을 일부 보충했다. ─옮긴이]

이는 평화로운 도깨비 섬을 침략한 모모타로 일행이 붉은 동그라미 모양이 그려진 부채를 흔들면서 제멋대로 학살, 약탈, 강간을 한다는 내용의 블랙 유머로 가득한 소설이다. 모모타로를 침략자로 그린 최초의 소설이었다. 이 외에도, 일본군이 중국에서 자행한 포로 학살의 장면을 그린 「장군」이라는 작품도 있다.

이런 작품들은, 그가 당시 일본의 제국주의와 ─ 조선에 대한 지배를 포함한 ─ 식민주의를 어떻게 보고 있었는지를 잘 보여 주고 있다. 적어도 '공산주의의 남하'라든가 있지도 않은 '불령선인'의 폭동에 분노하는 그런 우매한 사람이 아니었다는 것만은 확실하다.

어느 '무소속 인간'의 분노
반골적인 제국 의회 의원 다부치 도요키치

저는 내각에 계시는 여러분들이라면 당연히 인도적으로 슬퍼해야 할 이 대사건에 대해 아무도, 한 마디, 아니 반 마디조차 이 신성한 의회에 보고하지 않는 것, 또 신성해야 할 여러분들이 단 한 마디도 이 점에 대해 언급하지 않는 것에 대해 크나큰 분노와 슬픔을 느끼는 바입니다. 그 대사건이 무엇이냐고 한다면 물론 조선인 살해 사건입니다. (중략) 1천 명 이상의 사람이 살해된 대사건을 불문에 부쳐도 되는 것일까? 조선인이니까 괜찮다는 생각을 가지고 있는 것일까? 나쁜 짓을 저질렀을 땐 사죄를 하는 것이 인간의 예의라고 생각한다. (중략)
일본 국민으로서 진심으로 조선인에게 사죄를 하고 물질적으로라도 지원을 한다거나 하지 않으면 우리 마음이 편할 수 없

다고 저는 생각합니다. (박수) (중략)

피해자의 유족의 구제를 위한 대책도 강구해야 합니다. 얼마 전 우리 의원이 그랬듯이 (지원을 보내 준) 각국에 전보를 보내 감사의 뜻을 표명하기 전에 먼저 조선인에게 사죄하는 것이 일의 순서가 아니었을까요?[23]

다부치 도요키치(1882~1943)는 와카야마 현 고보 시에서 태어났다. 와세다 대학을 졸업한 후 유럽 각지에서 정치 및 철학을 배운 그는 1920년에 처음으로 중의원 의원으로 당선된다. 정당의 입당 권유를 모두 거절하고 일관되게 무소속으로 활동했다. "설령 혼자이더라도 하고 싶은 말을 하기 위해서"였다.[24] 자유주의적 입장에서 능숙한 질문과 신랄한 비판을 하는 그는 곧 유명 의원이 되었다. 한편으로는 웃음을 자아내는 기발한 행동을 하는 그를 신문 등의 매체는 친밀한 느낌을 담아 '다부치 신선'이라고 불렀다.

1923년 12월 14일, 그가 던진 질문은 지진 피해 복구를 둘러싼 정부 대책에 대해 묻는 것이었다. 질문 후반부에서 조선인 학살에 관한 문제로 이야기가 진행되면서 의장은 아주 조용해졌다고 한다. 하지만 그의 올곧은 호소는 의원들의 마음에도

---

23. 『조선인 학살 관련 관청 사료』, 1923년 12월 14일, 다부치 도요키치 중의원에 의한 국회 질문.
24. 야마모토 교스케, 『경세의 사람 다부치 도요키치 전』.

도달했던 것 같다. 앞서 인용한 부분을 포함해 몇 번이나 박수가 터져 나왔다.

만화가 오카모토 잇페이(1886~1948, 예술가 오카모토 다로의 아버지)는 신문에서 그날의 다부치의 모습을 이렇게 묘사한다.[25]

"자유자재, 아! 무소속이란 이런 것이다. 화려한 말재주 속에 깊은 진지함이 담겨, 그것은 그곳에 있던 참석자들의 마음과 통했다. 그렇기 때문에 그의 발언은 어떤 야유도, 방해도 받지 않았다."

오카모토는 또한 다부치에 대해서 "지진 후 그는 마치 다른 사람 같은 인상을 주고 있다"고 말한다. 전혀 다른 사람이 되었다는 것이다. "심상치 않은 분노와 슬픔"이 다부치에게 평범치 않은 아우라를 안겨 준 것일까?

하지만 다부치의 발언에 대한 야마모토 곤노효에 수상의 답변은 믿을 수 없을 만큼 냉담한 것이었다.

"방금 다부치 군의 열정적이고 품위 있고 원대한, 어러 방면에 대한 의견 또는 질문이 있었습니다. 이에 대해서는 걸맞은 답변이 필요하다고 인정하는 바입니다. 하지만 어쨌든 여러 문

---

25. [옮긴이] 오카모토 다로(1911~1996)는 초현실주의 화가이자 조형예술가이다. 1970년 오사카 만국박람회의 상징적 조형물로 그가 만든【태양의 탑】은 고도성장기의 양가적인 상징물이 되기도 했다. 생전에는 TV에 종종 출몰해 괴이한 표정과 몸짓으로 "예술은 폭발이다!"라고 외쳤다.

제가 겹쳐 있는지라 더욱 숙고해서 훗날에 답변을 드리겠으니, 그리 알아주시기 바랍니다."

고풍스러운 말투의 긴 답변이었지만 요약하자면, 잘 생각해서 나중에 답을 드리겠다, 라는 말이었다.

다음 날인 15일에는 다부치와 같은 와세다 대학 출신 친구이자 동지인 나가이 류타로(1881~1944)가 정부의 책임을 묻는 두 번째 화살을 날렸다. 1장(「경찰이 유언비어를 믿을 때」)에서 소개했던 고토 후미오 경보국장에 의한 '조선인의 방화' 공문은 이때 나가이가 폭로한 것이었다. 하지만 이에 대해서도 정부는 아무런 대답을 하지 않는다.

다부치는 포기하지 않았다. 의회 마지막 날이었던 같은 달 23일, "주신다던 답변"은 어떻게 되었냐며 의장석에 올라가 추궁하다 큰 논란을 일으킨다. 그는 이 문제로 끝내 징계를 받기도 했다.

자유법조단 후세 다쓰지(1880~1953) 같은 좌파에서부터 천황지상주의 헌법학자인 우에스게 신키치(1878~1929) 같은 우파 진영에 이르는 사회 여러 방면에서 정부에 대한 비판의 목소리가 높아지고 있었다. 자경단은 기소하면서도 경찰이나 군의 책임은 인정하지 않았기 때문이었다. 그러나 당국은 이러한 비판에 제대로 응답하지 않고 오히려 자경단의 처벌을 약하게 함으로써 균형을 잡고자 한다. 예를 들면 최대 80명이 살해된 것으로 추정되는 구마가야 사건에서 실형을 받은 것은 겨우 몇 명. 가장 긴 징역조차 3년에 불과했다.

다부치가 구했던 '답변'은 그렇게 영원히 보류되어 버린다.

이후에도 다부치는 정부는 물론 야당마저도 안색을 잃게 할 만큼 날카로운 질문을 던졌다. 1928년에는 장작림 폭살 사건이 일어난다. 이 사건은 만주에서 일본의 권익을 확립하려 했던 일본군이 그동안 필요에 따라 동조 관계를 유지해 온 군벌 장작림을 암살하기 위해 그가 타고 있었던 열차를 폭파한 사건이었다. 진상을 감추려는 힘이 작동하는 가운데, 다부치는 제국 의회에서 사건의 진상을 폭로하는 연설을 하여 의장을 떠들썩하게 만들었다. 하지만 만주사변(1931년)이 일어난 다음 해에 의원법이 개정되면서 무소속인 그는 질문의 기회조차 박탈당한다. 그러나 이후에도 그는 오로지 신랄한 비판과 야유를 무기 삼아 싸움을 계속했다.

1941년에는 도조 히데키(1884~1948)에게 "(미국과의) 전쟁, 하면 안 된다 아이가"라고 경고했고, 전쟁이 시작되자, 도조를 추종하는 의원들을 향해 "그따위로 일본을 구할 수 있나!"라고 일갈했다.[26] 퇴장은 매번 일어나는 일이었다. '다부치종'田畑宗이라고 불리는 열렬한 지지자들이 그를 밀고 있었지만 1942년의 선거에서는 결국 낙선하고 만다. 무소속으로 〈대정익찬회〉大政

---

26. [옮긴이] 「(미국과의) 전쟁, 하면 안 된다 아이가」의 원문은 간사이 지방 방언이다.

翼贊會 27/를 상내하기는 중과부적이었던 것이다. 이듬해 그는 아직 젊은 60세의 나이로 세상을 떠났다.

역사학자 고야마 히토시(1931~2012)는 다부치에 대해 "자기 발언이 속기록에 기록되고, 그럼으로써 영원히 남을 것이라는 사실에 모든 것을 걸었다"고 평가한다. 정치를 통해 정치를 바꾸는 것은 포기했으나 그 대신 정치라는 장에 올바른 '말'을 박아 넣는 것. 그것이 '무소속 인간'이었던 그의 존재 의미였으리라. 그는 대의원으로서는 이단적인 존재였다. 하지만 그런 그가 있었기에 1923년 12월 14일 속기록의 '말'은 우리 민주주의의 재산으로 남았다.

정부에게 '답변'을 요구하는 움직임 또한 결코 끝나지 않았다.

80년 후인 2003년 〈일본변호사연합회〉는 조선인 학살의 최후의 산증인으로 알려진 문무선의 탄원을 수리하고 간토대지진 당시의 조선인 및 중국인 학살에 대한 국가 책임을 인정한다. 그리고 이에 따라 유족에 대한 사죄와 사건의 진상 규명을 구하는 인권 구제 권고를 냈다. 2010년에는 역사학자 강덕상, 야마다 쇼지 등이 공동 대표로 〈간토대지진 조선인 학살의 국가 책임을 묻는 모임〉이라는 운동을 시작하였다.[28]

---

27. [옮긴이] 〈대정익찬회〉(大政翼贊會)는 1940년 2대 정당이 통합하여 결성한 정치 조직.
28. 〈간토대지진 조선인 학살의 국가 책임을 묻는 모임〉(http://www.shinsai-

다부치가 박아 넣은 무소속의 '말'은, 그렇게 90년이 지난 지금까지 메아리치고 있다.

toukai.com/)

학살은 왜 일어난 것인가?

지금까지 나는 도쿄, 그리고 다른 여러 현장에서 90년 전 9월에 일어난 일을 살펴보았다. 이 책의 목적은 그 사건에 대해 하늘에서 땅을 바라보는 듯한 조감적인 해설을 하는 것이 아니다. 내가 하고자 한 것은 당시의 조선인이나 일본인 그리고 중국인이 본 것, 경험한 것을 바로 그 거리에 서서 다시금 체감하는 것이었다.

그렇다고는 해도, 많은 사람들이 마음속에 의문을 품지 않을 수 없을 것이다. 도대체 어째서 이런 일이 일어나고 말았을까?

조감적인 해설은 전문가의 연구서에 맡기고 싶지만, 조선인 학살을 목격한 사람들의 말을 읽고 90년 후 그 현장에 섰던 내가 이해한 것을 적어 두고자 한다.

우선 드는 의문은 대체 어디서 왜 '조선인이 폭동을 일으켰다'거나 '우물에 독을 넣었다'는 등의 헛소문이 발생했던 지이다.

이 의문에 대해서는 당시 행정 당국은 물론 연구자들 사이에서도 오랫동안 논의가 있었지만 확실한 답은 없는 듯하다.

지진 직후의 헛소문은 조선인에 한정된 것이 아니었다. '오늘 오후 3시에 다시 지진이 온다'거나 '후지 산이 폭발한다', '서양이 기계를 써서 지진을 일으켰다' 등 다양한 유언비어가 있었다. '폭동'의 주역이 조선인이 아니라 '오모토교 신자'라는 버전도 있었다.[29]

그럼에도 불구하고 가장 맹위를 떨친 것은 역시 조선인 폭동이라는 유언비어였다. 갑자기 찾아온 지진과 화재로 모든 것을 잃은 사람들의 경악, 공포, 분노를 전가할 손쉬운 대상으로 조선인이 당첨된 것일까? 앞서 소개한 아동들의 작문 모음집 『조선인 학살 관련 아동 증언 자료』 속에는 불탄 다리 아래에서 칼을 들고 선 채 지나가는 사람을 잡고 심문하는 남자의 이야기가 나온다. "너희들이 내 아이를 죽인 거지, 어서 돌려줘!"라고 남자는 외치고 있었다고 한다.

---

29. [옮긴이] 오모토교(大本敎)는 1892년 신 내림을 받은 데구치 나오가 창시하고 그의 사위가 된 데구치 오니사부로가 발전시킨 신도(神道) 계열의 신흥종교이다. 사회 불평등과 근대 문명을 고발하고 세상의 변혁을 가르치는 교리 때문에 탄압을 받았다.

그러나 그러한 감정을 분출시킬 대상으로 조선인이 선택된 것은 결코 우연의 산물이 아니다.

그 배경에는 우선 식민지 지배에서 유래된 조선인 멸시가 있었고(우에노 공원에서 일어났던 은행원 일화를 상기해 줬으면 한다), 지진 4년 전의 3·1 운동 이후 일본인이 갖게 된, 언젠가는 그들에게 복수를 당하는 것이 아닐까 하는 공포심과 죄책감이 있었다.

그러한 감정들이 차별 의식을 만들어 내면서 눈앞에 있는 조선인을 '비인간'화하기 시작한 것이다. 과잉된 방위 의식으로 시작된 공격은 '비인간'에 대한 가학적인 폭력으로 점점 더 비대하게 자라났을 것이다.

서민의 차별 의식만으로는 참사가 그렇게까지 확대될 수는 없었을 것이다. 사태를 점점 더 심각하게 만든 원인은 치안 행정과 군에 있다. 지진이 일어났을 때 내무상 미즈노 렌타로를 정점으로 한 치안 기관의 사람들, 지진과 화재로 괴멸적인 피해를 입은 도쿄를 눈앞에 두고 그들이 무엇보다 경계한 것은 반정부 폭동이었다. 게다가 독립운동을 단속하는 위치에 있던 관료들은 애초부터 평범한 서민들보다 훨씬 강한 조선인 차별 의식과 적대심을 가지고 있었다. 바로 그렇기 때문에 '조선인 폭동'이라는 유언비어를 접한 경찰과 관료들이 '물론 그럴 테지'라는 식의 태도로 의심 없이 그것을 확산시키기 시작했다. 그리하여 현장에서 시작된 망상은 중추로 돌아온 후 다시 현장으로 환류하게 된 것이다. 우익 헌법학자로 유명한 우에스기 신키치는 다음과 같이 말한 바 있다.

"간토 전체가 동란 상황이 된 이유는 주로 경찰 관헌이 자동차, 포스터, 그리고 능변가의 말을 이용해 과장된 선전을 했기 때문이다. 이는 시민들이 전방위적으로 목격하고 체험한 의심할 여지없는 사실이다."

모두가 다 알고 있는 사실이라는 것이다. 조선인 문제에 대한 보도 금지가 풀린 10월 20일 이후 각 신문은 "관헌이 자경단을 선동했다"든가 "내무상의 책임 중대"라는 식으로 말하며 행정의 책임을 추궁했다. 『도쿄니치니치신문』(1923년 10월 22일)은 다음과 같은 독자 투고를 소개한다.

"나는 미타 경찰서 서장에게 질문한다. 9월 2일 밤 우리는 귀하의 부하로부터 ××습격 경보를 들었고, 권고에 따라 자경단을 조직했을 때는 '××로 의심되는 사람을 발견하면 본서로 데리고 오라. 저항하면 ○여도 지장이 없다'라는 말을 귀하로부터 친히 들었다."

경찰 당국이 이와 같은 비난에 직면하자, 지진 당시 경찰청 관방주사였던 쇼리키 마쓰타로는 신문에 다음과 같은 말을 한다.

"당시 경찰청으로서는 최선의 노력을 다 했다. 하지만 사람들은 제멋대로 자경단을 조직하고 무기를 들었으며 근거 없는 풍문을 믿고 사건을 벌였다. 이에 대해선 유감스럽기 짝이 없다. 경찰이 선동했다는 말은 사실 무근이다."(『요미우리신문』
10월 21일).

하지만 앞에서 봤듯이 훗날 그는 자신의 '실패'를 솔직히 인
정한다.

내무성이나 경찰이 당시 유언비어에 대해 보증을 섰다는
것. 이것이 자경단에 의한 학살을 조장하고 참극을 간토 일대
로 확대시켰다는 것. 이것은 명백하다.

계엄령으로 강력한 권한을 갖게 된 군도 마찬가지로 박해
를 조장했다. 앞서 왕희천에 대해 쓰면서 소개했던 「구보노 일
기」에 이런 구절이 있다.

"군대가 도착하자 재향군인 등의 위세가 등등해졌다. 선인
이라고 판단하는 순간 뭐 말 한마디 필요 없다는 듯이 큰길에
서든 어디서든 참살해 버렸다. 그러고는 강에 던져 버리면 그만
이었다. 우리가 본 것만으로도 스무 명이 한꺼번에, 그리고 네
명, 여덟 명이 지역인(민간인)에게 참살당했다."

기세등등하게 무장한 채로 등장한 군의 존재는 전쟁이 실
제로 진행 중임을 사람들에게 확신시키고 '적', 즉 조선인에 대
한 공격을 부추긴 셈이다.

군의 경우는 거기서 한 발자국 더 나아갔다. 사령부의 의도
는 접어 두더라도, '불령선인 소탕'과 같은 명령을 받아 출동한
현장 부대의 분위기는 조선인을 적으로 삼아 전쟁을 하는 듯
한 살벌함으로 가득했다. 그들은 실제로 수많은 조선인을 학

살했다. 당시 군은 조선에서 3·1운동을 탄압하거나, 시베리아에서 마을을 초토화시키는 등 이미 대게릴라전을 경험한 바 있었다.[30] 이라크나 아프가니스탄에서 미군이 하는 행동을 상기해 보면 될 것이다. 그와 마찬가지의 군사 진압의 논리가 도쿄에 그대로 도입되었다.

공식 기록에 의하면, 군이 살해한 인원수는 조선인 52명, 중국인 200명(히가시오지마의 사건, 군은 조선인이었다고 주장), 일본인 35명(86쪽 참조)이다. 군은 이 학살들이 모두 정당방위였다고 주장한다. 하지만 그들의 정황 설명을 읽어 봐도 도저히 정당방위였다고 생각할 수는 없다. 게다가 기록에 남지 않은 학살의 증거도 다수 있다는 점을 감안할 때 공식 기록에 남아 있는 것은 군이 저지른 살해 중 극히 일부분에 불과할 것이다.

육군 소장이기도 했던 쓰노다 고레시게 중의원 의원(1873~1930)은 "계엄부 당국은 당시 마치 적국이 국내에 난입하기라도 한 것처럼 대처하지 않았나"라며 군의 행동을 비판했다.[31]

간토대지진 당시의 조선인 학살은 평범한 사람들 사이에 뿌

---

30. [옮긴이] 1차 세계대전에 연합국 편으로 참전했던 러시아제국은 최초의 사회주의혁명인 10월 혁명으로 붕괴되었다. 연합국의 하나였던 러시아 제국과 달리 혁명정부는 독일과 따로 협정을 맺었고 그 결과 연합국들은 시베리아 지역에서 혁명군(볼셰비키 적군)과 싸우게 된다. 일본은 연합국 중 최대 규모의 병력을 보내, 1차 세계대전 종료 후 1920년까지 시베리아에 주둔했다.
31. 『역사의 진실 간토대지진과 조선인 학살』.

리 내리고 있던 차별 의식에서 시작했다. 피난민이 줄줄이 발생한 위기 상황에서 폭동의 가능성을 우선 걱정하는 행정의 치안 우선 사상이 이를 확대시켰고, 거기에 조선이나 시베리아에서 민중 탄압을 위한 게릴라전을 수행해 온 군의 '군사 논리'가 더해져 더욱 심각해졌다.

조감도 II
도대체 몇 명이 살해되었는가?

도대체 몇 명이 살해되었는가?

이에 대해서는 '정확히 알 수 없다'라는 것이 연구자들 대부분의 견해인 듯하다. 피해자의 숫자를 알 수 없는 이유는 무엇보다도 그 당시 정부가 학살의 전모를 조사하려고 하지 않았을 뿐 아니라 오히려 사건을 은폐, 축소하기 위한 속임수에 골몰했기 때문이다.

"매장된 시체는 신속히 화장할 것/ 유골은 내지인(일본인)과 조선인을 구별하지 말고 처치할 것/ 기소된 사건에서 조선인에게 피해가 있을 경우 조속히 그 유골을 처리해서 알아볼 수 없게 만들 것" 등의 지침이 이러한 사실을 잘 보여준다.[32]

입건된 조선인 살해 사건은 겨우 53건, 그 희생자 수는 233

명(사법성 통계, 내무성 통계로는 231명)에 불과하다. 말할 것도 없지만, 이 233명이라는 숫자는 입건된 사건의 사망자 숫자의 합산에 불과할 뿐 학살당한 사람의 총수가 아니다.

정부는 애초부터 살해에 관여한 자들을 전부 검거하겠다는 의지를 갖고 있지 않았다. 그들의 방침은 "정상 참작을 해야 할 부분이 적지 않기에 소란에 가담한 자들 전부를 검거하는 대신, 검거 범위를 피해가 현저한 경우로 한정"하는 것이었다.[33]

체포자를 늘릴수록 책임의 화살이 경찰이나 군으로 향할까 봐 두려웠을 것이다. 실제로 언론이 행정 책임을 묻고 있었으며 재판에서는 변호사가 증인으로 행정 당국자들의 출두를 요구했다. 체포자가 나온 지역 사람들의 반발도 심했다. 결국 기소된 사람들에 대한 최종 결정은 매우 너그러워질 수밖에 없었다.

정부가 말한 검거 범위의 "한정"이란 결국 "경찰권에 반항한 사실이 있는" 사건을 위주로 수사하겠다는 것을 의미했다.[34] 즉 조선인 살해라는 문제가 아니라 경찰에 반항하고 그럼으로써 치안을 해쳤느냐는 문제가 중심이었던 것이다. 그 결과 사이

32. 조선총독부 경무국문서, 『간토대지진 조선인 학살 문제 관계 사료 4』.
33. 『현대사 자료 6 간토대지진과 조선인』 수록, 「임시 지진 재해 구호 사무국 경비 협의/다이쇼12(1923)년 9월 11일 결정 사항」
34. 같은 문서.

타마나 군마에서처럼 경찰서를 습격하고 조선인을 죽인 사건들이 입건 사건들 중 큰 무게를 갖고 다뤄진 반면, 학살 증언이 무수했던 요코하마 시를 포함해 가나가와 현 전체에서는 단지 두 사람의 죽음에 관한 사건만 입건되었을 뿐이다.

그토록 무수한 목격 증언이 있었던 구 요쓰기바시 주변에서도 단지 네 명의 죽음에 대한 사건만이 입건되었다. 매장된 사람만 해도 40명이 넘는 구마가야 사건의 희생자 수는 '13명'으로 되어 있다. 9월 5일 구 라칸지에서 벌어진 살해 사건의 경우 이 책에서 소개한 우라베 마사오의 증언뿐 아니라 우익결사 〈흑룡회〉의 우치다 료헤이(1874~1937)에 의한 조사에도 기록되어 있지만 역시 입건되지 않았다.[35] 1998년 유골이 발굴된 다카쓰의 여섯 명 또한 이 안에는 포함되지 않았다. 군의 '정당한' 무기 사용으로 인해 발생한 희생자가 포함되어 있지 않음은 물론이다. '233명'이라는 것은 단지 그런 숫자일 뿐이다.

강덕상은 『간토대지진 학살의 기억』에서 여러 조사가 말하는 사망자 수를 제시하고 있다. 거기에는 『독립신문』 특파원 조사에 의한 "6,661명"이라는 숫자 이외에도, 같은 조사단에서 시행한 미완성의 조사가 밝힌 요시노 사쿠조(1878~1933)의 "2,613명", 우치다 료헤이의 조사에 의한 "도쿄 부에만 722명",

---

35. [옮긴이] 우치다 료헤이는 국가주의 사상가이자 운동가이다. 중국, 조선, 필리핀의 민족주의적 정치세력과 적극적으로 접촉 교류하여 지원 활동을 펼쳤으며, 일제가 아시아로 세력을 확장하는 데 이바지했다.

신문 보도에 나타난 사망자의 수를 합계한 "1,464명"이라는 숫자들이 포함되어 있다.[36]

조선총독부는 도쿄 출장원에 의한 조사 결과 조선인 피살자 "813명"이라는 "추정 인원수"를 냈다.[37]

물론 이것은 모두 정확치 않은 숫자들로, 참고만 할 수 있을 뿐이다. 신원이 밝혀지지 않도록 시체나 유골을 처분하고, 가능한 한 범위를 한정한다는 방침 아래 입건된 사건의 피해자 총수가 233명이라는 점. 10만 명이 지진과 화재로 사망하고 피난민들이 대이동하는 상황에서는 그런 은폐 의도 이전에 이미 파악 불가능한 사건들이 무수할 것이라는 짐작. 또 아이들의 작문에 살인에 대한 이야기가 가득해도 아무도 이상하게 여기지 않았을 정도로 수많은 목격 증언이 있었으며 그 중 신뢰도가 높은 증언이 적지 않다는 점을 생각하면, 실제로 살해된 조선인의 숫자는 천 단위에 달할 것이라는 게 나의 판단이다.

다른 한편, 중국인 살해에 관해서는 오지마에서 살해된 사람들과 각지에서 조선인으로 오인되어 살해된 사람을 포함

36. [옮긴이] 요시노 사쿠조는 '다이쇼 데모크라시'를 대표하는 정치사상가로 온건한 자유주의의 입장에서 민본주의와 언론의 자유를 옹호했다. 우치다와 대비되는 자유주의적 입장에서 조선이나 중국의 민족주의를 지지했으며, 간토대지진 당시 조선인 학살을 비판했다.

37. 『간토대지진 조선인 학살 문제 관계 사료 4』.

해 이백 수십 명에서 750명 사이일 것이라고 추정되고 있다.[38] 이는 행정을 포함한 중국과 일본 양국의 조사를 근거로 한 숫자이다.

38. 일본변호사연합회, 「간토대지진 인권 구제 신청사건 조사 보고서」. 이 보고서는 매우 짧은 글이면서도, 매우 건실한 검증을 바탕으로 학살에 관한 국가의 책임을 밝힌 것이다. 인터넷에서도 읽을 수 있기에 이 문제에 관심이 있는 분들에게 일독을 권하고 싶다. http://www.azusawa.jp/shiryou/kantou-200309.html

4장

90년 후의 ‘9월’

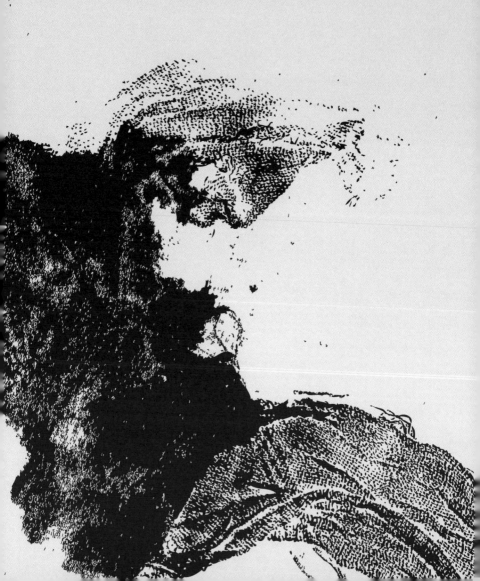

추도하는 사람들

'요쓰기바시' 다리 옆에 세워진 비

1970년대. 아다치 구의 소학교에서 교편을 잡고 있던 기누타 유키에(1930~2008)는 진정한 의미에서 스스로 공부하는 교사였다. 가까이에 있던 아라카와 방수로가 인공 하천이라는 것을 가르치기 위해 자신의 두 발로 방수로의 역사를 조사했다. 토목공사에 대한 기초 공부를 한 것은 물론 관련 부서를 찾아다니며 자료를 모으고 이야기를 들었다. 그뿐만이 아니었다. 기누타는 지역 노인들을 찾아다니며 하천이 만들어진 당시의 일을 물었다.

1977년 즈음의 어느 날, 기누타는 어느 한 노인의 이야기를 듣고 충격에 빠진다. 간토대지진 때 아라카와 강에 있던 구 요쓰기바시 다리 주변에서 많은 조선인들이 살해되었으며, 그들의 시체가 하천부지에 묻혔다는 것이었다. 노인은 "경이라도 읊어 공양을 했으면"이라고 중얼거렸다.

'엄청난 이야기를 듣게 되었다'라고 기누타는 생각했다. 그 후에도 여러 노인들로부터 비슷한 이야기를 들었다. 그러면서 기누타에게는 지금까지도 묻혀 있을 조선인들의 유체를 발굴하고 노인이 말하는 '공양'을 실천하고 싶다는 마음이 점점 커졌다.

어떻게 하면 발굴을 실현할 수 있을까? 어떻게 하면 '공양'이 가능할까? 무엇 하나 뚜렷한 것 없이 혼자서 고민을 시작한 그녀였지만 뜻을 함께하는 사람들이 점점 모여들었다. 그리하여 1982년 〈간토대지진 때 학살당한 조선인의 유골을 발굴하고 위령하는 모임〉(나중에 '위령'이라는 말을 '추도'로 바꿈)이 발족된다. 같은 해, 행정 당국과 교섭한 끝에 아주 단기적인 시굴 허가를 받고 유체가 묻혀 있을 가능성이 높은 제방과 하천부지 안의 세 곳을 시굴할 수 있었다.

하지만 유체는 나오지 않았다. 1923년 11월 중순 즈음에 경찰이 두 번에 걸쳐 이 일대를 파헤치고 유체를 가져갔다는 것을 그 후에야 당시의 신문 자료를 통해 확인했다. 그 후에도 〈추도 모임〉은 지역에서 관련된 구술 수집을 계속한다. 10년에 걸쳐 100명이 넘는 증언자들의 이야기를 모았다. 1923년 9월에 일어났던 구 요쓰기바시 다리의 참극은 이러한 노력으로 밝혀지게 된 것이다.

유골 수집에 실패한 〈추도 모임〉은 추도비 건립이라는 형태의 '공양'을 결정한다. 기누타와 동료들에게 새로운 목표가 생긴 것이다.

"조선인 학살이 자행된 장소에 선인총鮮人塚을 만들어 영원한 참회와 후회, 사죄의 뜻을 표하고 그럼으로써 일본과 조선이 일선융화

日鮮融和의 길을 열어야 한다. 그런 것 없이 일선친화가 가능하리라고는 도저히 생각할 수 없다."[1]

지진 1년 후, '민중의 변호사'라고 불리던 야마자키 게사야(1877~1954)가 쓴 문장이다. '일선융화'라는 말이 당시 식민지 지배를 미화하는 슬로건으로 쓰인 '내선융화'內鮮融和를 연상시키지만, 그가 가진 사상을 고려했을 때 '일본과 조선 양 민족의 화해'라는 의미로 쓰였을 것이다.

지진 후, 조선인 학살 사실이 널리 알려졌지만 정부나 지방자치체는 그에 대한 책임을 전혀 인정하지 않았다. 정부 차원의 사죄가 없었음은 물론이다. 소수의 자경단원이 아주 가벼운 형량을 받았을 뿐이다.

추도의 움직임이 없었던 것은 아니었지만 그 역시 불충분했다. 사이타마, 군마, 지바처럼 잔혹한 학살이 있었던 장소에 야마자키가 말한 것과 같은 '총'塚이 민간의 손에 의해 세워지긴 했다. 그러나 어떤 비문도 조선인들이 학살로 인해 목숨을 잃었다는 사실을 분

---

1. 「選外一等」,['선외일등'이라는 제목의 이 글은 대지진 1년 후 『요미우리신문』에서 우리는 무엇을 기억해야 하는가? 라는 테마로 각계의 인사들의 글을 받는 특집 기사가 나온다는 얘기를 듣고 야마자키가 쓴 글이다. 공산당, 무정부주의자, 그리고 탄압을 받는 급진주의자라면 누구든지 변호하겠다고 나섰던 야마자키는 반골정신과 함께 유머 감각이 풍부한 사람이었다. '비입선작 일등'이라고 해석할 수 있을 이 제목은 자신의 의견이 게재되지 않으리라는 것을 잘 알고 있지만, 그럼에도 불구하고 비입선작 중에선 제일이라는 식의 냉소와 비아냥이 섞인 제목이다. 이상은 옮긴이가 저자에게 물어본 내용으로, 이 글이 『요미우리신문』에 실리진 않았을 것이라 저자는 말한다. ─옮긴이]]

명히 적어 놓지 않았다. 100여 명이 살해된 것으로 알려진 사이타마 현 혼조 시에서도 지진이 일어난 다음 해에 위령비가 건립되었지만 단지 【선인의 비】鮮人之碑라고 새겨져 있을 뿐이었다. 사람들은 조선인의 터무니없는 죽음을 추도하기 위한 마음으로 그 위령비를 세웠을 것이다. 그러나 자신들이 바로 그들을 죽인 당사자라는 무거운 현실을 직시하지는 못한 것이다.

당국이 분명한 사실 규명을 원하지 않았던 것 또한 크게 영향을 끼쳤다. 지진 이후 조선인 단체와 노동조합, 기독교인들에 의해 추도의 집회가 열렸지만 경찰의 강경한 단속을 받았다. 집회에서 조선인이 항의의 목소리를 높이면 바로 해산 명령이 떨어졌으며 경찰들이 산사태처럼 밀어닥치기 일쑤였다. 정부는 학살 사실을 망각하도록 만들고 싶었던 것이다.

그럼에도 불구하고 수도 주변에서 이 정도의 학살이 일어난 마당에 정부 차원에서 아예 아무것도 하지 않을 수는 없었다. 지진이 일어난 다음 달이었던 10월 28일, 정부 측 입장의 사람들이 조조지에 모여 【조선동포 추도법요】를 열었다.[2] 죽은 이들을 추도하는 모습을 보이는 한편 학살에 대한 분노와 책임을 불문에 부치겠다는 성격을 가진 행사였다. 이 행사야말로 앞서 언급한 '내선융화'를 꾀하고 있었던 셈이다. 도쿄 지사와 국회의원들이 엄숙한 얼굴을 한 채 줄줄이 등장했다.

---

2. [옮긴이] 여기서 쓰이는 동포라는 말은 일본과 '합방'되어 '동포'가 된 조선인이라는 뜻인 듯하다. 법요는 제사라는 뜻.

그 행사에서 일어난 사건이 하나 기록에 남아 있다. 주최자가, 법요의 발기인 중 한 명이었던 조선인 작가 정연규(1899~1979)의 추도사 낭독 순서를 무시한 채 행사를 진행하는 바람에 정연규가 항의를 하는 일이 벌어졌다. 정연규는 행사가 있기 며칠 전 한 신문사의 취재에서 "사법성이 발표한 조선인 피살자 수(233인)는 자릿수가 한 자리 틀린 것이 아닌가? 죄는 자경단에만 있고 경찰이나 군의 과실은 없었다는 건가?"라는 의문을 던졌다. 정연규가 행사에서 어떤 발언을 할지 주최자가 두려워했음이 분명하다.

예정되어 있던 추도사 낭독을 무시하고 사회자가 분향으로 순서를 옮겼을 때, 정연규는 벌떡 일어나더니 영전으로 나아가 외쳤다.

"여러분은 대체 무슨 이유로 나의 추도사를 저지하려는 것인가? 여기, 인류는 하나이며 서로 사랑해야 한다는 정신으로 열린 이 아름다운 법요에서 주최자의 한 사람으로 참가한 나를 이렇게 학대하다니. 이는 분명 당신들 중 누군가가 강요한 일일 것이다. 생각지도 못했던 불행이다. 오늘 당신들이 벌인 이 추태는 평생 잊지 않겠다."

정연규는 스스로도 자경단에게 습격당하고 경찰에 수감된 경험을 가지고 있었다. 참극이 일어난 후 가메이도 경찰서를 취재하면서 쓰레기장에 버려진 백골을 목격하기도 했다. 현실을 가리고 눈을 돌리는 자들에 대한 분노와 원통함이 '아름다운 법요'라는 반어적인 표현에 드러난다. 당황한 사회자는 추도사 낭독을 건너뛴 것은 '바쁜 와중에 벌어진 실수'라고 변명을 했다고 한다.

정연규는 영정 앞에 서서 추도사를 낭독했다.

〈간토대지진 조선인 희생자 추도행사 실행위원회〉가 요코아미초 공원 내에 건립한 추도비

"1923년 10월 28일, 저 정연규, 피눈물로 흐느끼며 비탄에 잠겨, 사납게 타오르는 불꽃을 가슴에 안고, 멀리 고국에서 수천 리 떨어진 이곳, 바람과 물, 땅 모두 낯설고, 마음은 차갑게 식어 편히 눈 감을 수 없는 이향의 하늘 아래 하루 종일 운다. 매일 밤이 새도록 헤매고 울며 떠돌아다닌다. 이유 없이 참살당한 채 호소조차 못 하는 우리 동포. 그렇게 돌아가신 삼천의 영혼을 향해 복부가 찢기는 듯한 마음을 담아 이 추도사를 올리나이다. 아직 살아남아 있는 사람으로서, 오늘날 살아 있는 반도 이천만 동포의 한 사람으로서 삼가 슬픔의 눈물을 삼키며 이 추도사를 바치나이다. 바라건대, 영혼들이여, 더 이상 일하지 않는 그곳에서 편히, 우리의 슬픔을 받아주소서."

전후, 행정 당국의 방해가 누그러지면서, 재일 한국·조선인들이 각지에서 추도비를 건립하기 시작했다. 일본인이 주도한 추도비 건립도 다시금 시작된다. 간토대지진 50주년을 맞이한 1973년엔 그때까지 추도비가 단 하나도 존재하지 않았던 도쿄에도 추도비가 건립된다. 〈간토대지진 조선인 희생자 추도 행사 실행위원회〉가 초당파 국회의원 및 지방의원들의 협력 아래 요코아미초 공원에 세운 것이다.

그러나 조선인 학살을 연구해 온 야마다 쇼지는 전후에 일본인 주도로 건립된 위령비에 여전히 문제가 남아 있음을 지적한 바 있다. 간토대지진 당시 조선인이 '살해되었다'는 점을 분명히 기록하게 된 것은 한 걸음 나아간 일이 분명하다. 그러나 '누가 살해했는가'를 명확하게 밝히는 위령비는 여전히 부재했다.

그 상황을 바꾼 것이 바로 구 요쓰기바시 다리에서 살해당한 사람들의 추도를 이어온 〈추도 모임〉이었다. 2009년 8월, 그들은 드디어 추도비를 세운다. 그것은 지진으로부터 80여 년이 지나 비로소 '누가 살해했는가'를 확실히 직시하는 내용을 담고 있었다.

【간토대지진 당시 한국·조선인 피해자 추도의 비】
(비문)
1923년 간토대지진 당시 수많은 한국·조선인들이 일본의 군대·경찰·유언비어를 믿은 민중의 손에 살해되었다.
도쿄의 시타마치 일대에서도 식민지 치하의 고향을 떠나 일본으로 온 사람들이 이름조차 알려지지 못한 채 귀한 목숨을 빼앗겼다.
이 역사를 마음에 안고서 희생자를 추도하고 인권 회복과 양 민족의 화해를 기원하며 이 비를 건립한다.

2009년 9월

간토대지진 때 학살당한 조선인의 유골을 발굴하고 추도하는 모임/ 단체명 호센카(봉선화)

이 【추도의 비】는 학살 현장이었던 구 요쓰기바시 다리(지금은 존재하지 않음) 부근의 제방 밑에 세워진다. 〈추도 모임〉은 하천부지에 비를 건립하고자 했지만 행정 당국의 협력을 얻을 수 없었다. 그때 이 장소를 제공하겠다는 사람이 나타났다. 추도비 주변에는 조선인들의 고향을 상징하는 봉선화가 심어져 있다. 매일같이 청소를 해 주는 지역민들 덕분에 추도비는 늘 아름답게 유지되고 있다. 〈추도 모임〉의 회원들에게 들은 이야기에 따르면, 위령비 앞에서 손을 모아 기도한 후 "우리 아버지가 당시 조선인을 죽였습니다"라고 털어놓은 사람도 있었다고 한다.

구 요쓰기바시 다리에서 벌어진 학살 사실에 충격을 받고 '공양'을 하고 싶다는 소원을 키웠던 기누타 유키에는 2008년 2월, 추도비의 완성을 보지 못한 채 폐렴으로 세상을 떠났다. 77세였다. 그가 일생을 바친 또 하나의 작업이었던 아라카와 방수로에 대한 연구는, 초등학교 교원직을 퇴직한 2년 후 『아라카와 방수로 이야기』라는 책으로 결실을 맺었다. 그녀의 단 한 권의 저서인 이 책은 1991년 토목학회 출판문화상을 수상한다.

〈추도 모임〉은 시굴 작업을 시작한 1982년 이래 지금까지 매년 9월이면 구 요쓰기바시 다리에서 가까운 기노네바시 다리 부근의

【한국·조선인 순난자 추도의 비】
구 요쓰기바시 다리 부근의 둑 아래에 2009년에 설치되었다(스미다 구 야히로6-31-8).

하천부지에서【한국·조선인 희생자 추도식】을 하고 있다. 90년 전, 많은 조선인이 학살당한 그곳에서.

2013년 9월 8일에는 중국인 희생자의 추도 집회도 열었다. 〈간토대지진 때 학살당한 중국인 노동자를 추도하는 모임〉이라는 이름의 이 행사에 오지마에서 학살당한 사람들의 유족들이 일본까지 와서 참가했다. 사카사이바시 다리에서 군인에게 살해된 활동가 왕희천의 손자도 그 행렬 속에 있었다.

증오하는 사람들

되살아나는 말, '조선인을 죽여라!'

2012년 가을 동영상 사이트 '유튜브'에 올라온 '산책'이라는 영상은 많은 사람들에게 충격을 안겨 주었다. 영상 속에서는 민족차별주의자(인종주의자)들의 단체 〈재특회〉의 회장 사쿠라이 마코토가 십여 명의 동료들과 함께 신오쿠보의 골목길을 걷고 있다. 그들은 걷는 내내 한류 상점의 점원이나 손님을 차별적인 언어로 매도하고, 그것을 '산책'이라 부르며 인터넷에서 중계한다. 영상 속에서 사쿠라이는 외치고 있었다.

"착한 조선인도 나쁜 조선인도 없다. 조선인은 모두 죽여라!"
"일본이 싫은 여자들아, 나와라. 목을 졸라 죽여 줄 테니, 나와라!"
"범죄 조선인을 모두 죽여라"
"코리아타운을 다 불태워 버리자!"

"일본 사회의 진드기, 쓰레기, 구더기, 재일조선인 구제 처분 담당입니다."

"지금 바로 때려죽이러 왔습니다."[3]

〈재특회〉 등이 오쿠보에서 '한국 정벌' 등의 슬로건을 건 차별 데모를 시작한 것은 2012년 8월 이명박 대통령이 독도/다케시마에 상륙한 이후부터이다. 이후 그들은 매달 몇 번씩이나 오쿠보 거리에서 데모를 벌인다. 그리고 데모가 해산된 후에는 오쿠보 뒷골목을 '산책'한다.

2013년에 들어서면서 이에 대한 항의의 목소리가 나오기 시작한다. 1월, 사쿠라이 마코토가 트위터에서 '산책'의 성과를 우쭐거리며 공개하자 신오쿠보를 드나드는 한류 팬 소년·소녀들의 항의 트위터가 쇄도한 것이 그 시작이었다. 다음 달에는 인터넷을 중심으로 〈레이시스트를 두들기고파 대隊〉라는 이름의 그룹이 결성되었다.[4] 원래 목표는 인종주의자들의 데모 후 '산책'을 저지하는 것이었다. 격렬한 매도의 목소리로 일촉즉발의 분위기를 만들어 '산책'을 포기하게 하자는 그들의 작전은 성공을 거두었고, 인종주의자들은 골목 진입을 포기한 채 돌아가야만 했다. 그 후 차별 데모가 열릴 때마다 오쿠보 거리에서 항의의 플래카드를 걸고 나서는 사람들도 늘어났다. 수백 명의 사람들이 벌인 차별 데모가 그 몇 배의 사람

---

3. 유튜브 '8/25 한국 정벌 국민 대행진 in 신주쿠7 (신오쿠보 산책편)' 2012.
4. [옮긴이] 그룹명은 일어로는 'レイシストをしばき隊'로 '레이시스트를 두들기고파 대(隊)' 혹은 '인종주의자를 두들겨 패고파 대(隊)'로 해석된다.

들에게 포위당하게 되었다.

플래카드를 들고 나선 것은 지극히 평범한 사람들이었다. 셀 수도 없이 많은 일장기를 들고 욕설을 퍼붓는 차별자들의 행진을 향해 항의하는 것은 결코 쉬운 일이 아니다. '다리가 후들거렸다'라는 감상도 몇 번이나 들었다. 당연하다. 그럼에도 불구하고 그들은 귀중한 시간을 내어 위험을 무릅쓰고 민족 차별에 항의했다.

이러한 움직임은 미디어를 통해 널리 알려지고 '증오 언설'hate speech을 비판하는 여론이 높아졌다. 국회의원 등이 움직이기 시작하고 차별 데모에 대한 행정의 대응이 엄격해지면서 〈재특회〉 등 인종주의 단체는 신오쿠보에서의 데모를 포기하게 된다.

거리에 나와서 "조선인을 모두 죽여라!"라고 외치는 사람들은 기껏해야 수백 명에 불과하다. 하지만 그들이 증오와 차별의 불씨를 키우는 데 기름을 부어 준 인터넷이나 미디어의 '혐한'을 표방하는 인종주의는 줄어들 기미가 없다. 아니, 오히려 이제는 가히 편집증적이라 불러도 좋을 만한 경지에 와 있다.

인터넷을 통해 한 번 이상 한국이나 한국인의 욕을 듣지 않는 날이 거의 없을 정도이다. 출근길 가판대의 광고나 지하철 안 천장에 매달린 광고에서 한국을 공격하는 잡지 광고를 마주치지 않는 날도 거의 없다. 대형 서점의 국제 관계 코너에는 『악한론』惡韓論 따위의 덜떨어진 품격을 과시하는 제목의 혐한 서적들이 즐비하다. 냉전 시대에 미국이나 소련을 비판하는 책들조차 이렇게까지 저질스럽거나 영문 모를 증오로 가득 차 있지는 않았다. 거기에는 한국 정부에 대한 비판을 넘어서 조선 민족에 대한 증오와 인종주의가 짙게 스며들어 있다.

　최근 10년 동안 이러한 상황이 계속되는 가운데 많은 사람들은 그것이 이상하다는 생각조차 그만두게 된 듯하다. 하지만 증오와 차별의 화살이 향하는 곳에 서 있는 사람들에게 있어서 그것은 단지 익숙해지면 그만인 문제가 아니다. 인터넷을 막 시작한 재일 한국·조선인 소년·소녀들은 대체 어떤 기분으로 컴퓨터 앞에 앉아 있을까?

　1923년 9월에 이르기 전까지 몇 년 동안 일본의 신문들은 매일같이 '불령선인의 음모'에 대해 써 댔다. 조선을 사랑했던 프롤레타리아 작가 나카니시 이노스케(1887~1958)는 이즈음의 공기를 다음과 같이 묘사한다.

　시험 삼아 조선 내지 일본에서 발행되는 일간신문에 게재된 조선인에 관한 기사를 한번 보시오. 거기에 어떤 일들이 보도되어 있습니까. 제가 많이 못 봐서 그럴지도 모르지만, 조선 국토의 수려함, 예술의 풍취와 아름다움, 민정의 우아함을 소개하고 보도하는 기사를 본 적은 거의 없다고 말해도 좋을 정도입니다. 폭탄, 단총, 습격, 살상 등 온갖 가지 섬뜩한 글자들만을 나열해서 소위 불령선인 (요즘은 불평선인이라는 명칭으로 부르는 신문도 있습니다만)의 불령한 행동을 보도하고 있습니다. 무슨 일이라도 터졌으면 좋겠다는 듯한 과장된 필법으로 말입니다.

　예로부터의 조선, 혹은 현재의 조선 및 조선인에 대한 지식과 이해가 없는 사람들이나 섬세한 감정을 지닌 부인들이 이런 기사를 일상적으로 읽게 되면, 조선은 산적이 사는 나라이고 조선인은 사나운 호랑이 같은 부류라고 여길 것이 틀림없습니다. 아무 생각 없는 저널리즘에 희생된 조선인은, 불길한 공포의 환영으로 일본인의 일상의 의식 속에 깊이 새겨져 있습니다.[5]

1910년 한일병합에 이르는 과정에서 일본에 조선인을 멸시하는 풍조가 강해졌다. 여기에 또 한 가지 '조선인은 무섭다'라는 부정적인 감정이 겹쳐지는데, 그 계기가 된 것이 1919년의 3·1 독립운동이었다. 독립운동을 계기로 조선인에 대한 부정적인 감정을 부채질하는 데 큰 역할을 한 것은 당시 대중 미디어로서 성장하고 있었던 '신문'이었다.

1919년 3월 1일, 지식인들의 독립선언 발표로 3·1 운동은 시작되었다. "조선 독립 만세"를 외치는 사람들이 조선 곳곳의 거리에 넘쳐 났다. 1차 세계대전의 전후 처리를 의논한 파리강화회의에서 윌슨 미국 대통령이 제기한 '민족자결의 원칙'이 그들을 격려했다.

이에 대해 일본은 경찰과 헌병은 물론 정규군까지 투입한 탄압을 벌인다. 군중들이 경찰서를 불태우거나 돌을 던지는 등 반격해 오면서, 각지에서 격렬한 충돌이 일어났다. 탄압은 점점 심해져서 서울 남쪽 수원군 제암리에서는 30명의 마을 주민들을 교회에 가둔 채 사살하고 불을 지르는 사건까지 일어난다. 체포된 사람의 수

5. 「조선인을 위해 변론한다」, 『부인공론』 1923년 11월 12일 합병호 (『간토대지진 조선인 학살 문제 관련 자료 3』).

만 전국에서 4만 명을 넘었다. 데모의 선두에서 체포된 여학생 유관순(1902~1920)은 옥중에서 사망한다.

이 사건은 조선인이 일본의 식민지 지배를 원치 않는다는 사실을 명백하게 드러내고 있다. 하지만 일본 정부는 이를 힘으로 눌러 버렸다. 이에 대해 중국 신해혁명(1911)을 지원한 미야자키 도텐(1871~1922)은 "힘을 믿는 자는 힘에 무너지고, 칼에 기대는 자는 칼에 패한다"라고 평했다. 민예운동으로 알려진 야나기 무네요시(1889~1961)[6] 또한 식민지 지배는 "조선의 불명예가 아니라 일본의 치욕 중의 치욕이다"라고 비판했다.

물론 일본 사회의 주류가 보인 반응은 소수 지식인들의 반응과는 전혀 달랐다. 그들은 일본에 항의하는 조선인을 '무섭다'라고 느낀다. 그런 분위기를 조장한 것은 당시의 신문 보도였다. 3·1 운동이 시작된 이후 3월 10일 자 『도쿄아사히신문』은 이렇게 보도한다.

"이들은 이미 시위 운동자가 아닌 폭민으로, 내지인(일본인)에 대해 방화, 살인 등 수단과 방법을 가리지 않고 있으니 빨리 진압해서 치안을 되찾지 않으면 그 위험은 이루 말할 수 없을 것이다."

일본의 모든 신문들이 일관된 어조로, 폭도로 변한 조선인이 일본인을 습격하고 있다고 보도했다. 일본의 지배에 대한 조선인의 분노를 마치 일본인 자체에 대한 부당한 증오라는 듯이 왜곡해서 보도하고, 충돌 속에서 일본인이 죽으면 '일대 참사'라고 묘사하는 한

---

6. [옮긴이] 야나기 무네요시는 시라카바파(白樺派)의 일원이기도 했다. 시라카바파에 대해서는 2장 각주 17을 참고.

편, 조선인의 죽음은 '사상자 ○명', '관헌의 정당방위'라는 식으로 정리했다.

3·1 운동으로 죽은 일본인 민간인은 사실 단 한 명도 없다. 부상을 당한 민간인조차 극히 적었다. 사상자 수를 보자면 조선인이 1,190명인 반면 일본인은 141명. 일본인의 대부분은 탄압을 자행한 헌병 등이었다.[7]

조선인이 일본의 지배에 분노하고 있다는 사실을 인정하고 싶지 않은 마음을 당시 대부분의 일본인이 품고 있었을 것이다. 미디어는 그러한 분위기에 아첨하며, 증오로 눈이 먼 조선인 폭도가 죄 없는 일본인을 습격하고 있다는 식의 뒤바뀐 그림을 보여 준 셈이다. 나카니시가 말하는 '무슨 일이라도 터졌으면 좋겠다는 듯한 과장된 필법'이 대활약했다.

3·1 운동 이후 조선인은 다양한 형태로 독립운동을 펼치기 시작한다. 그중엔 무장투쟁도 포함되어 있었지만, 신문은 그것만을 과장하여 '폭탄', '단총', '음모' 등의 단어를 사용하여 선정적으로 묘사했다. '불령선인'이라는 증오의 단어와 함께. 기자들과의 모임에서 조선총독부의 간부조차도 과장이 지나치다고 비판했을 정도이다.

이런 경위로 일본인은 조선 민족이 내는 항의의 목소리를 이해하는 데 실패하고, 오히려 '조선인은 무섭다'라는 이미지를 만들어 나간다. 일본인의 의식 속에서 조선인은 '불길한 공포의 환영'이 되

---

7. 숫자는 기무라 간이 정리한 것임. 조선인의 사상자 수는 자료에 따라서는 훨씬 더 높게 추정되어 있다.

었다. 그리고 이는 미래의 참극을 예비한다. 앞의 글에서 나카니시는 이렇게 쓰고 있다.

"감히 나는 묻는다. 조선인 폭동이라는 이 유언비어는 일본인의 잠재의식이 자연스레 폭발한 것이 아닐까? 그 불길한 환영에 대한 이유 없는 공포가 유언비어로 형상화된 것은 아닐까?"

1923년 9월 1일. 그날 신문에도 "괴이한 선인 3명 붙잡혀 : 음모단의 일당일 가능성"(『도쿄아사히신문』)이라는 요란스러운 문구가 표제에 찍혀 있었다. 그리고 점심 무렵에 지진이 발생한다. 그 순간 4년에 걸쳐 키워 오던 조선인에 대한 공포가 폭발했고, 결국 도쿄 한복판에서 대낮에 버젓이 자행된 '조선인 학살'로 귀결되었다. '불령선인', 혹은 '폭도'라는 '불길한 환영.' 그것이 현실에서는 일본인을 말 그대로 불령한 폭도로 만들어 버린 것이다. 참극이 한창인 순간에조차 지방의 각 신문사를 중심으로 한 신문 지면들은 계속해서 유언비어를 확산시켰다.

인종주의는 여기저기서 사실의 단편들을 끌어모아 그 주장에 끼워 맞추면서 점점 강화된다. 한일병합의 과정에서 부추겨진 '멸시'의 감정과 3·1 운동에 대한 보도가 이끌어 낸 '공포'는 간토대지진에서 벌어진 조선인 학살로 인해 오히려 더 강하게 뿌리를 내렸으며, 그 후에도 오랫동안 일본 사람들의 눈앞에 유령처럼 되돌아오게 된다.

그럼에도 1990년대에 들어서면서 이러한 인종주의는 조금씩 사라져 가는 것 같았다. 국제 정세도 크게 바뀌어, 일본식의 이름이 아닌 본명으로 활약하는 자이니치(재일 한국·조선인)의 모습도 사회 여러 분야에서 볼 수 있게 되었다. 좀 더 나중이지만 한류의 바람도 불었다. 인종주의는 마치 과거의 이야기가 된 듯했다.

그러나 그 직후, 인종주의는 인터넷을 통해 새로운 형태로 되살아났다. 21세기에 들어서는, 미디어 또한 "무슨 일이라도 터졌으면 좋겠다는 듯한 과장된 필법"을 100퍼센트 가동시키며 분위기를 들뜨게 하는 데 여념이 없다. 우리는 지금도 식민지 지배가 만들어 낸 '불길한 환영'의 시대, 조선인 학살의 잔향殘響이 계속 울리는 시대를 살아가고 있다.

2005년, 뉴올리언스의 거리에서

"몇 달 전만 해도 내가 39구경 권총 두 자루에 엽총까지 어깨에 메고 뉴올리언스 거리를 활보하리라고는 상상도 못 했지. 정말 대단해! 사우스다코타에서 열리는 꿩 사냥 철 같다니까. 움직이면 쏘는 거야."

짧은 머리에 팔이 포동포동하고 거칠어 보이는 여인이 말대꾸를 했다.

"그건 꿩이 아니고, 우린 사우스다코타에 있지도 않아. 그래서 뭐 어쩌라고?"

남자가 흐뭇한 듯 웃으며 말했다. "그때는 그렇게 보였단 말이야."

(중략)

여자가 말했다.

"그자들은 약탈자들이었어. 이 마을에서 우리는 스스로를 지켜야 해."[8]

2005년 8월 말, 미국 남부에 상륙한 허리케인 카트리나는 뉴올리언스를 정면으로 강타했다. 그 지역 전체가 물에 잠겼고 죽은 사람의 숫자는 1,800명 이상이었다. 미국 역사상 최악의 허리케인 피해였다.

허리케인이 상륙했을 때, 29세의 흑인 청년 도넬 헤링턴은 조부모 집에 있었다. 시 북부의 저소득층을 위한 공영주택에 차마 조부모만 놔둔 채 피난할 수 없었기 때문이었다. 밤이 되자 공영주택 1층은 완전히 물에 잠겼고, 창밖으로 보이는 거리는 거대한 호수와도 같았다. 구조대가 올 가망성이 전혀 없다고 판단한 헤링턴은 사촌과 함께 보트를 찾아내 침수될 염려가 없는 고속도로까지 조부모를 태우고 갔다. 그 후에도 고속도로와 마을을 왕복하며 네 시간에 걸쳐 어린이들을 포함한 100명 이상의 이웃을 구출했다.

구출한 사람들을 고속도로에 남겨 두고 헤링턴은 사촌과 친구 두 명과 함께 걷기 시작한다. 구조를 요청하기 위해서였다. 공적 기관의 구조대와는 결국 만나지 못한 채 그들은 시 남부에 인접한 알제 지구에 도착했다. 알제 지구에 있던 헤링턴의 자택은 완전히 부서진 상태였다. 그들은 피난의 거점이라고 들은 미시시피 강의 나

---

8. [옮긴이] 레베카 솔닛, 『이 폐허를 응시하라』, 정해영 옮김, 펜타그램, 2012. 대부분 한국어판에 따라 인용했지만 일부 번역을 바꿨다.

룻배 선착장에 가 보기로 했다.

그런데 선착장이 머지않았을 때 갑자기 중년의 남자가 나타나, 헤링턴을 향해 산탄총을 발포했다. 바닥에 쓰러진 헤링턴은 목에서 피가 쏟아져 나오는 것을 느꼈다. 총알은 온몸에 박혔다. 탄환을 재장착하려 하는 남자로부터 필사적으로 도망친 그들은 트럭을 탄 백인 남자들에게 도움을 구했다. 하지만 "검둥아, 우리도 널 쏠지 몰라"라는 차가운 대답이 돌아왔을 뿐이었다.

부근의 주민이 헤링턴과 사촌들을 자기 집에 숨겨 주었다. 남자들은 이 집까지 쫓아와 흑인들을 건네라고 요구했다. 주민은 이들을 간신히 돌려보내고, 헤링턴 일행을 차에 태워 의료 센터까지 데려다주었다. 몸에 있는 혈액의 절반을 잃었지만 그는 기적적으로 생명을 건질 수 있었다.

헤링턴을 쏜 것은 차를 타고 다니며 이 지역을 순찰하던 백인 '자경단'이었다.

이는 동일본 대지진이 일어난 후 일본에서도 화제가 되었던 레베카 솔닛의 책 『이 폐허를 응시하라』(일본어판 제목: 재해 유토피아)에 삽입된 에피소드이다. '뉴올리언스: 공유지와 살인자들'이라는 제목의 5부에서는, 2005년 뉴올리언스에서 일어난 사건들을 다루고 있다.

허리케인이 상륙했을 때, 피난을 가지 못하고 재해 지역에 남겨진 이들은 주로 가난한 흑인들이었다. 그들은 인프라가 파괴된 거대 시설에 겨우 몸을 숨긴 채 오지 않는 구원을 기다리고 있었다. 침수로 인해 체력이 고갈된 노인들이 덧없이 숨을 거두는 사이, 평소 갱 스타일로 거리를 서성대던 젊은이들이 약자의 생명을 지키기 위해 필사적으로 뛰어다니고 있었다.

하지만 뒤에 남겨져 도움의 손길을 기다리던 그들을 맞이한 것은 구조가 아니라 '범죄가 활개 친다'는 유언비어였다.

텔레비전은 일부 지역에서 일어난 상점 약탈을 걱정스럽다는 듯이 보도했다. 사실 그것은 고립된 지역에서 살아남기 위해 필요한 물자를 아무도 없는 슈퍼마켓에서 조달하는 광경에 지나지 않았다. 피난소에는 추위를 견뎌 내기 위한 담요도 최소한의 식료품도 없었다.

재해 지역 주변을 중심으로 점차 유언비어가 돌기 시작했다. 시내에는 강도가 설치고, 피난소는 갱단이 지배하고 있으며, 살인이나 강간이 빈발하고 있다, 인육을 먹는 사람도 있는 것 같다는 말들이었다. 최악인 것은 주지사와 시장을 선두로 한 행정의 우두머리들이 이런 유언비어들을 사실인 양 떠들어대기 시작했다는 것이다. 심지어 경찰서장이 텔레비전에 출연해서 "피난소에서는 아기들까지 강간당하고 있다"고 울면서 호소했다고 한다. 이러한 행정의 발신은 미디어의 폭주에 보증수표를 내 주었다. CNN조차 "무법 지대 뉴올리언스"와 같은 선정적인 보도를 일삼았다.

그 결과 인종주의와 결탁한 '치안 회복'의 욕망이 폭주하기 시작했다. 구조 목적으로 투입되었던 주방위부대의 임무는 약탈 저지와 치안 회복으로 변경되었다. 이라크에서 막 돌아온 병사들이 자동소총을 손에 들고 장갑차에 올라 거리를 순찰하기 시작했다. 이라크 팔루자 소탕전의 방아쇠를 당긴 것으로 악명 높은 민간 군사

업체의 부대마저 완전무장을 하고 이 지역에 들어왔다.

"가난한 흑인이 사람들을 공격할 것이며, 혹은 이미 공격하고 있다는 믿음, 그들이 일종의 혼란스러운 동물의 세계에 빠졌다는 믿음이 정부의 반응과 대중매체 보도의 방향을 결정했다. 그리고 시민들을 자경단원으로 만들었다."

침수를 면한 지역에서 백인들이 결성한 자경단은 거리를 다니는 비백인을 향해 무차별 총격을 가했다. 한 남자는 허리케인 후 알제 지구에 온 의사에게 이렇게 말한다.

"선생님은 아무것도 모르세요. 그자들은 우리를 죽이려 왔다고요."

이 의사는 자경단이 폭주한 원인 중 하나가, 보안관이 퍼뜨린 소문이었다고 말한다. 당국이 '검둥이를 쏴라'며 방탄조끼와 총을 건네주었다는 증언도 있다.

경찰관이나 보안관이 직접 살인에 가담한 사례도 소개되었다. "그 당시 어떤 살인 사건도 수사하지 말라는 지시를 받았다"고 한 형사는 말했다.

살해당한 사람은 수십 명이 넘는다고 파악하는 솔닛은 분노를 담아서 글을 쓴다.

"여기, 대중매체들이 그토록 집착하는 약탈과 살인을 일삼는 집단이 있다. 다만 이 집단은 늙은 백인들로 구성되어 있으며 그들의 행동은 공식적으로 알려지지 않았을 뿐이다."

읽어 가는 동안 등골이 오싹했다. 90년 전의 도쿄의 풍경과 너무나 똑같은 풍경이었다. 인종주의, 유언비어, 행정과 미디어의 선동, 자경단과 행정기관에 의한 살인, 은폐, 심판받지 않는 범죄까지. 헤링턴의 온몸에 남은 무수한 상처가 아라카와 철교에서 공격받은 신창범의 상처와 겹친다. 21세기에도 완전히 똑같은 구도에서 학살이 일어나고 있다는 사실을 우리는 어떻게 받아들여야 하는 것일까?

책의 원제인 『지옥 속에 건설된 낙원』*A Paradise Built in Hell*은 자연재해의 현장에서 사람들이 스스로 만들어 내는 상호부조의 공간을 말한다. 한편 재해 현장에 행정이 불러오는 인재와 관련해 솔닛은 '엘리트 패닉'이라는 개념을 소개하고 있다. 사회학자 커슬린 티어니의 이 개념은, 재해가 일어나 공권력이 무력화되는 상황에서 이를 자신들의 지배에 대한 정통성의 도전으로 여기는 행정 관료들이 빚어내는 공황을 일컫는다. 티어니는 그것을 "사회적 무질서에 대한 두려움, 빈민과 소수자와 이민자에 대한 두려움, 약탈과 경제 범죄에 대한 강박관념, 치명적인 무력에 기대려는 마음, 헛소문에 기초한 행동"이라고 말한다.

이는 일군의 행정 관료의 머릿속에 들어 있는 '치안'이라는 개념이 사람들의 생명과 건강을 지키는 것을 의미하지 않는다는 점을 보여 준다. 그러기는커녕 소수자나 이민자들의 생명과 건강 따윈 애초부터 염두에 두지도 않는다는 사실이 드러난다.

뉴올리언스의 어느 지역에 피해가 심각한 일대를 안전한 교외와 연결하는 다리가 있었다. 장대같이 쏟아지는 빗속에서 다리를 건너 피난하려는 사람들 — 아기를 안은 엄마, 목발을 짚은 노인을 포함한 사람들 — 을 보안관들이 위협사격으로 쫓아 버렸다고 한다.

시내의 이재민을 구조의 대상이 아니라 치안에 대한 위협으로 본 것이다. 이후 이 결정이 도마 위에 올랐을 때 해당 경찰서장은 이렇게 말했다.

"인제 와서 이러쿵저러쿵 말하고 싶지 않다. 당시에 정당한 이유로 내린 결정이다. 나는 매일 밤 양심의 가책 없이 잠자리에 든다."

이 일화는 그들에게 있어서 '치안'이 무엇을 뜻하는지 정확히 말해 준다. 개인적으로는 1923년 일본의 관료들이 남긴 발언들이 몇 가지 떠올랐다.

"유언비어를 그 자체만 놓고 보면 무조건 해로웠다고만 말할 수는 없습니다. 그러한 경계가 당시에 매우 필요한 것이었다는 것만은 의심할 수 없습니다."(고토 신페이 내무대신, 지진이 일어난 직후 미즈노 렌타로의 뒤를 이어 취임했다).

"평온한 와중에 풍파를 일으켰다면 몰라도, 당시와 같은 상황에서 그 정도의 경각심을 끌어내 준 것을 보면 오히려 좋은 점이 있었다고, 그렇게 생각한다."(사이타마 현 내무부장, 『도쿄니치니치신문』, 1923년 10월 24일 자)

요컨대, 폭동은 헛소문이었고 그 때문에 몇 명의 조선인이 죽었을지도 모르지만, 어쨌거나 만일의 사태를 대비해서 '치안'을 지키려고 한 결과이므로 어쩔 수 없지 않느냐는 것이다. 조선인의 생명 따위는 애당초 '치안' 속에 포함되어 있지 않기 때문에 이러한 논리가 나올 수 있다.

그들과 똑같은 종류의 말을 공공연히 하는 행정 관료를 우리는 현대 일본에서도 발견한다. 그 말을 마지막으로 다음 장으로 넘어

가겠다.

"소요 사건이 일어났을 때를 가정하고, 육해공 삼군을 출동시켜 치안 대책을 맡겨야만 한다는 식으로 말한 것은, 그렇게 말하는 것 자체가 좋은 일인 거예요. 그런 것이야말로 억지력을 발휘하는 거예요."

2012년까지 13년간 도쿄 도지사를 역임한 이시하라 신타로 (1932~)의 발언이다.

도쿄는 지금도,
90년 전의 트라우마를 안고 있다
이시하라의 '삼국인'三國人 발언과 엘리트 패닉[9]

오늘날 도쿄를 보면, 불법으로 입국한 많은 삼국인, 외국인들이 대단히 흉악한 범죄를 계속해서 저지르고 있다. 그로 인해 도쿄의 범죄 형태는 과거와는 많이 달라졌다. 이러한 상황에서 엄청난 재해가 일어났을 때는, 큰 소요마저, 그렇다, 큰 소요마저 발생할 수 있다고 생각될 정도의 현상이다. 이러한 일에 대처하는 데 우리 경찰

9. [옮긴이] 삼국인 : 일본에서 패전 후 미국 점령기에 통용된 용어로, 당시 일본에 거주하던 비일본인 중에서 연합국, 추축국(독일, 이탈리아), 중립국 출신 이외에 일본의 패전으로 인해 일본의 지배에서 벗어나게 된 지역(조선, 대만 등) 출신 주민들에 대한 호칭이다. 조선인(조센진)이라는 말이 여전히 강하게 차별적인 함의를 가지고 있었던 이 시기에 그 차별을 감추는 듯하면서, 사실은 범죄나 공산주의와 관련시켜 사용하는 등 그 용법에 따라 차별을 지속 확대하는 단어였다. 시간이 지나면서 다른 세대 사람들에게 거의 통용되지 않은 말이 된 이 단어를 되살린 것이 바로 이시하라의 발언이었다.(참고 자료 : 우쓰미 아이코, 다카하시 데쓰야, 서경식 펴냄, 『이시하라 도지사 '삼국인' 발언의 무엇이 문제인가』, 影書房, 2000).

의 힘만으로는 한계가 있다. 그러기 때문에 그럴 때야말로 여러분(자위대)의 출동을 부탁드리고, 재해 복구만이 아닌 치안 유지 또한 여러분의 큰 임무로 여기고 수행해 주시길 기대하고 있다.

—『마이니치신문』, 2000년 4월 11일 자

도쿄의 범죄가 갈수록 흉악해지고 있는데, 전부 삼국인, 즉 불법으로 눌러앉아 살고 있는 외국인들이 아닐까. (간토대지진 때에 일본에 거주하던 조선인이 학살된 것에 대해 언급하면서) 이번에는 거꾸로 불법으로 입국한 외국인들이 소요 사건을 일으킬 것이다.

—『마이니치신문』, 같은 해 4월 11일 자

소요 사건이 일어났을 때를 가정하고, 육해공 삼군을 출동시켜 치안 대책을 맡겨야만 한다는 식으로 말한 것은, 그렇게 말하는 것 자체가 좋은 일인 거예요. 그런 것이야말로 억지력을 발휘하는 거예요.

—『마이니치신문』, 같은 해 4월 13일 자

"중국산 각성제가 계속 밀수되고, 파는 것은 파키스탄인."

"아주 다량의 위험한 약물이 정말로 '삼국인', 외국인의 손에 만연해 있다. 이 일본에."

"떳떳하지 못한, 뒤가 켕기는 외국인이 있고, 실제로 지극히 교활한 범죄를 저지르고 있단 말이야. 그래서 좀처럼 거기까지 손이 미치지 못해. 큰 재해가 일어났을 때, 그런 게 어떤 형태로 폭발할지를

생각해 보면, 나는 지사로서 정말로 오싹해지는 마음을 참을 수
없단 말이야."

"그러니까 내 말은 그 인간들이 방아쇠를 당겨서 커다란 소요 사건
을 일으킬 가능성이 있다고."

"어쨌든 국가에 치안을 위한 출동을 요청한다. 그러한 연출을 함
으로써, 큰 재앙을 미연에 방지할 수 있다고 생각했기 때문에 감히
그런 발언을 해 왔습니다."

— 『마이니치신문』, 같은 해 4월 14일 자

2000년 4월 9일, 당시 이시하라 신타로 도지사가 육상 자위대
제1사단 행사에서 대원들을 앞에 두고 말한, 이른바 '삼국인 발언'
이다. 정확히 말하자면 위의 첫 번째 인용이 '삼국인 발언'으로 알
려지게 된 최초의 발언이고, 뒤의 인용들은 그 발언에 대한 비판
에 대해 반론 및 해명으로 이시하라 도지사가 기자회견에서 말한
것이다.

지금까지 이 책을 읽어 주신 독자들께 이 발언이 얼마나 무서운
것인지에 대해 다시 자세히 설명할 필요는 없으리라 믿는다. 당시는
'삼국인'이라는 차별적 표현에만 초점이 맞춰져 있었는데, 그런 반
응은 문제를 축소하는 것이다.

이 말은 지진 당시 행정 당국이 조선인 학살을 어떻게 확대시켰
는가라는 문제의 모든 것을 담고 있다. 외국인에 대한 차별과 편견.
그 편견에 기초해 루머를 사실로 믿어 버리는 어리석은 태도. 그것
을 퍼뜨리며 일말의 부끄러움도 느끼지 못하는 무감각. '치안'을 최

우선 삼아 재해에 대응한다는 방식. 군사 논리의 동원. (참고로 당시 이시하라의 연설을 들었던 '제1사단'의 전신은 간토대지진 당시 계엄군의 주력 부대였다.)

이시하라 도지사의 재임 중에 도쿄를 진원으로 하는 대지진이 일어나지 않았다는 것은 도쿄 도민에게 있어서는 정말로 행운이라고 해야 할 것이다. 이 남자는 지진이 일어나면 외국인이 폭동을 일으킬 것이므로 치안을 위해 자위대를 출동시켜라, 그것이 억지력이 될 것이다, 라고 말한 것이다. 만약에 이토록 차별적인 관점을 가진 자가 행정의 우두머리로 있을 때 지진이 일어났었다면 엄청난 과오를 저질렀을 것이다.

물론 아무리 그래도 21세기의 도쿄에서 선조 대대로 전해 내려온 일본도를 꺼내 들고나오는 사람은 없을 거라고 믿는다. 그러나 자경단은 1995년 고베를 파괴한 한신·아와지 대지진 때도 등장했다. 저널리스트인 나의 친구 한 명은 심야 피해 지역을 이동하다가 도둑으로 몰려, 야구방망이를 든 자경단에 둘러싸였다. 그럼에도 당시 고베에는 "범인을 붙잡으려는 적극적이고 공격적인 활동은 위험하다며 회피하는 경향"이 있었기 때문에 큰일은 일어나지 않았다고 한다.[10]

한신·아와이 대지진 당시에도, 동일본 대지진 당시에도 외국인이 나쁜 일을 저지르고 있다는 식의 유언비어가 존재했다. 도쿄에서 대지진이 일어날 경우에도 반드시 그런 유언비어가 있을 것이다.

10.『세계사로서의 간토대지진』.

행정이 그에 대한 대응을 잘못할 경우, 그것은 현실로 되돌아와 예상치 못한 형태로 희생자를 낳을 거라는 가능성을 나는 부정할 수 없다.

내가 "간토대지진의 조선인 학살은 과거의 일이 아니다"라고 생각하는 건 단지 수사가 아니라 이런 리얼한 생각에 바탕을 두고 있다.

레베카 솔닛이 지적했듯이, 재난 방지를 표방하는 행정 당국에 요구해야 할 것은 엘리트 패닉에 의해 부추겨진 '치안 대책'이 아니다. 필요한 것은 외국인을 비롯하여 재난 상황에서 약자가 될 수 있는 취약한 위치의 소수자를 지원하는 정책이며, 차별적인 유언비어가 그들에게 피해를 끼치지 않도록 하는 대책이다. 최소한 행정이 솔선수범해서 차별적인 행동을 하지는 말아야 한다. 간토대지진의 경험을 교훈 삼아 그러한 대전제를 체득하는 것. 그것이야말로 결코 잊어서는 안 되는 중요한 일이다. 이는 행정뿐 아니라 우리 사회 전체에 요구되고 있다.

삼국인 발언 직후, 인재 육성 컨설턴트인 신숙옥辛淑玉(1959~)은 이렇게 말했다. "도쿄는 간토대지진 당시, 조선 반도 출신자에 대한 습격이 실제로 일어난 도시이다. 도쿄의 이런 특수성을 고려할 때 다음에 일어날 지진을 대비해 무법자로부터 어떻게 외국인 주민의 안전을 확보할 것인지에 대한 대책을 마련하는 것이 훨씬 건전한 방향일 터이다."[11]

11. 2000년 4월 13일 자 『마이니치신문』.

도쿄의 특수성. 우리는 인종주의에 기반해 많은 이웃을 학살한 그런 특수한 역사를 가진 도시에 살고 있다. 간토대지진의 기억은 재일 한국·조선인 사이에서 지금도 계속 끔찍한 악몽으로 상기되고 있다. 한편, 일본인들은 존재하지도 않는 '조선인 폭동'을 선명한 이미지로 만들고 그것을 거듭해서 의식의 밑바닥에서부터 불러내곤 했다. 이시하라의 '삼국인 발언' 또한 거기서부터 나온 것이다. 잘못을 되풀이하지 않기 위해서 도쿄는 스스로가 여전히 90년 전의 트라우마에 사로잡혀 있다는 사실을 자각해야만 한다.

그런 맥락에서 인종주의와 그것을 바탕으로 하는 선동은 도덕적으로 잘못되었을 뿐 아니라, 화약고에서 하는 불장난만큼이나 우리 사회에 위험한 행위임을 인식해야 한다.

특히, 간토대지진 당시 '조선인에 의한 폭동'이 실제로 있었다고 주장하는, 역사수정주의라고 부르기도 곤란할 정도로 저질스러운 선동은, 우리가 살고 있는 도쿄에서 절대로 용서할 수 없는 일이다. 상대하기도 힘 빠질 만큼 변변치 못한 내용들임이 분명하다. 그러나 방치할 수는 없는 일이다.

"도쿄에서 대지진이 다시 일어난다면, 간토대지진 당시 실제로 조선인 폭동이 있었고, 방화나 테러가 일어났다"고 믿는 사람들이 어떤 발상을 할까. 그들은 지진의 진동이 멈추자마자 제일 먼저 '외국인 폭동'을 걱정할 것이다. 상상을 뛰어넘는 화재가 널리 퍼지는 것을 보면서, '외국인 방화'를 의심할 것이다.

그들은 그러한 망상을 그대로 인터넷을 통해 흘려보낼 것이다. 그리고 똑같은 망상에 사로잡힌 사람들이 '역시 그렇군'이라며 그

것을 또다시 퍼뜨릴 것이다. 개중에는 사실이건 아니건 상관없이 외국인을 흠씬 패줄 절호의 기회라고 떠들어댈 자도 있을 것이다.

그 후엔 과연 어떤 일이 일어날까?

학살의 사실을 부정하는 것은 미래의 학살을 준비하는 것과 같다. 간토대지진 당시 조선인에 대한 학살이 있었다는 사실을 왜곡하여 오히려 '재해 때에는 외국인·소수자를 조심하라'는 정반대의 '교훈'을 끌어내는 행위는 절대로 허용해서는 안 된다.

'비인간'화에 저항하다

구학영의 묘비를 세운 미야자와 기쿠지로는 안마사였다.

구학영은 사이타마 현 요리이마치에서 엿을 파는 젊은이였다. 1923년 9월 6일 심야에 그는 이웃 마을에서 몰려든 자경단에 의해 살해당했다(122쪽).

나는 지역민들이 만들었다고 하는 그의 묘를 방문했다. 그때, 묘비 옆에 쓰인 "미야자와 기쿠지로와 뜻있는 사람들"이라는 글귀를 보았지만, 그때는 미야자와가 누구인지 몰랐다. 훌륭한 묘석을 보며 '지역의 유지인가'라고 고개를 갸웃거렸을 뿐이다. 내가 가지고 있는 자료 속에서 미야자와 기쿠지로가 안마사라고 기록된 것을 발견한 건 그 후의 일이다. 안마사가 그다지 유복했으리라 생각되진 않으므로, 아마도 '뜻있는 자들'이 그런대로 비용을 보탰으리라.

큰 소리를 외치며 마을 한복판의 거리를 오가는 엿장수와 안마

사. 나는 그들이 만나는 광경을 상상할 수 있을 것만 같았다. 그런 거리는 언제나 노점상이나 삐끼, 점쟁이 등 길 위를 돌아다니며 돈벌이를 하면서 사는 사람들로 북적이기 마련이다. 나에게도 거리에서 점을 치는 친구가 있어서, 그런 거리의 냄새를 조금은 안다.

요리이는 아라카와 강가에 있는 수상 교통의 거점이었고, 예전에는 역참 마을이기도 했다. 다이쇼 시대(1912~1926)에 그 중심가는 지금보다 훨씬 화려한 곳이었을 것이다. 그 번화한 거리에서 아마도 그들은 만났으리라. 거리를 돌아다니며 생계를 이어가는 자로서 둘은 서로 가까운 존재가 아니었을까.

한 가지 더 말하자면, 안마사는 당시 시각 장애인들의 직업이었다. 미야자와는 아마도 목소리와 손의 감촉, 체온을 통해서만 구학영을 만났으리라 생각한다.

한편 나는 구학영이 받았던 "하늘을 느끼고 비를 슬퍼하는 부처의 신도"感天愁雨信士라는 법명을 보면서, 그 속에 포함된 뜻을 이해하게 되었다.[12] '비(아메雨)'라는 글자는 구학영이 팔던 '엿'[13]을 기리며 붙인 것이 아닐까라고 상상할 수 있었다.

물론 책에 쓰인 것은 '미야자와 기쿠지로라는 안마사가 구학영의 유체를 수습하고 묘를 지었다'라는 것뿐이다. 그게 알려진 사실의 전부이다. 그러나 구학영과 가까웠던 누군가가 있었기에, 그 죽

---

12. [옮긴이] 죽은 이에게 법명[일어로는 가이묘(戒名)]을 주는 것은, 자비로운 아미타불의 인도로 누구든지 극락으로 갈 수 있다는 사상의 정토 신앙에 따른 것으로 일본에서는 일반화된 장례 관습이다.
13. [옮긴이] 雨, 즉 비와 엿은 일본어로는 동음이의어 '아메'이다.

음을 추도하는 사람이 있었기에, 그 무덤이 있다.

　내가 이 책을 쓰는 내내 가장 중요시한 것은, 간토대지진 당시의 조선인과 중국인 학살에 대한 진상을 '아는' 것 이상으로 '느끼는' 것이었다.

　간토대지진 당시, 조선인들은 '불령선인'이라 불리며 살해되었지만, '불령선인'이라는 단어는 원래 일본의 식민지 지배에 저항하는 사람들을 지칭하는 말로 당시의 언론에서 많이 사용했다. 지진이 발생하기 4년 전에 일어난 조선 독립을 위한 3·1 운동도 '불령선인의 폭동'으로 여겨지고 있었다.

　외국의 강권 지배에 분노하는 것은 인간으로서 당연한 감정이다. 그 당연한 감정을 부정하기 위해서는 상대를, 그들의 호소에 귀를 기울일 필요가 없는 '비인간'으로 그릴 필요가 있다. 조선인을 마주 보고 대화할 필요가 없는 대상, 그러한 능력이 없는 대상으로 만들기 위해 '거짓말쟁이', '범죄자', '외국의 앞잡이' 등 온갖 부정적인 딱지를 붙이는 캠페인이 펼쳐진 것이다.

　간토대지진은 바로 그런 와중에 일어났다. 조선인을 '비인간'화하며 '불령선인'이라는 말을 증식시킨 것이 조선인 존재 그 자체의 부정, 즉 학살로 귀결된 것은 논리상 당연한 일이었다.

　지금, 그 역사를 되풀이하겠다는 듯이, 주간지나 인터넷에서는 '한국인', '조선인'을 '비인간'화하는 거센 바람이 불어 닥치고 있다. 그것은 식민지 지배에서 유래하는 차별 감정에 열심히 불을 지피고 있다. '중국'에 대해서도 비슷할 터이다.

　이 흐름은 1990년대 역사 인식을 둘러싼 논쟁에 뿌리를 두는 듯하다. 난징 대학살이나 일본군 '위안부' 문제 등, 일본에 있어 '마이너스의 역사'로 여겨지는 역사적 사실을 – 개인적으로는 역사에 있어서 플러스나 마이너스가 있다고 생각하지 않지만 – 부정하기 위해서는 그 피해자 혹은 피해국을 '비인간'화 해야만 했다.

그런 '비인간'화의 작업은 21세기에 들어서며 역사의 부정을 넘어 '좋은 한국인이건 나쁜 한국인이건 죽여라'라는 식의 존재 부정에까지 이르렀다.

그러나 '위안부'로 끌려갔던 사람들을 가리키며 '저 할머니들은 울면서 호소하고 있지만, 사실 누가 매춘을 강요한 적은 없다'고 말하던 것이 '매춘 할매들, 뒈져 버려라'라는 태도로 이어지는 것은 당연한 일이다. 두 화법 모두 '비인간'화의 논리 위에서 작동하고 있기 때문이다.

'증오 언설'에 미간을 찌푸리는 척 하면서도 오늘날 미디어는 매일, 매주, '혐한', '혐중'이라 부를 수 있는 '비인간'화 캠페인을 계속하며 인종주의에 영양분을 공급하고 있다.

'비인간'화를 진척시키는 자들은, 사람들이 상대를 자신과 같은 평범한 사람으로 바라보고 그들의 목소리에 귀를 기울이는 것을 가장 두려워한다. 그때, 상대의 '비인간'화에 기대서만 통용되던 역사관이나 이데올로기, 아집과 자아도취는 붕괴해 버리기 때문이다. 그렇기 때문에 그들은 필사적으로 '공감'이라는 파이프를 막으려고 한다. 인간으로서 받아들이고 생각해야만 하는 역사적 사실을, 몇 명이 죽었는가라는 식의, 감정을 억누른 숫자 논쟁으로 바꿔 버리는 것 또한 귀를 틀어막고 공감을 방지하기 위한 수단에 지나지 않는다.

　나는 90년 전의 도쿄 거리에 분명히 살아 움직이던 사람들을 조금이라도 가까이에서 느끼는 작업을 독자와 공유하고 싶었기 때문에 이 책을 썼다. 기호로서의 조선인이나 일본인이 아니라 이름을 가진 사람, 누군가의 친구이며 이웃으로서의 조선인이나 중국인, 일본인이 그곳에 있었다는 것을 전하고 싶었다. '공감'이야말로 그들이 가장 두려워하는 것이기에.

　그리고 90년 전의 거리 또한 '비인간'화와 공감이 싸우는 현장이었음을, 글귀들을 정리하는 도중에 비로소 알아차렸다. 때로는 한 인간 안에서도 그 싸움은 벌어졌다. 죽여 버린 상대를 그를 죽인 사람들이 공양하는 것은 바로 그런 일일 것이다.

　미야자와 기쿠지로와 구학영 사이에 있었던 것과 같은 작은 공감에 대해서 생각한다. 역사 문제나 외교처럼, 언뜻 신변의 세계와 동떨어져 있는 것처럼 보이는 차원에서 '비인간'화는 시작되기 마련이다. 그리고 그러한 '비인간'화가 극심해질 때, 누군가와 누군가가 연결한 그런 공감의 실도 끊어져 버릴 수 있다는 점을 기억해 두고 싶다.

　우에노, 료고쿠, 지토세 가라스야마, 고엔지, 가구라자카……90년 전, 우리가 잘 아는 도쿄 거리는 공감과 '비인간'화가 싸우는 현장이었다. 그 결과 수천 명에 이르는 사람들을 죽여 버리는 데 이르렀던 그 도시에 우리는 지금도 살고 있으며, 또다시 그 투쟁의 한가운데에 있다.

　우파 정치인들이 부추기고 미디어가 퍼뜨리는 집단적 히스테리.

그 '비인간'화 = 인종주의 캠페인을 아무도 의문시하지 않는 상황. 그 종착지는 어디일까. 우리는 그 속에서 얼마만큼이나, 당연히 품고 있어야 할 공감을 손에서 놓지 않고 버틸 수 있을까. 90년 전 9월에 분명히 존재했던 구학영, 홍기백, 정치요, 도쿠다 야스조, 이와나미 기요타다, 소메카와 하루히코와 같은 사람들을 나는 기억해 두려고 한다.

머리말에서도 말했듯이 나는 도쿄 신오쿠보에서 태어나고 자랐다. 지금과 달리, 1970년대의 신오쿠보는 지극히 평범한 상점가 동네였는데, 신주쿠에 인접해 있다는 지역적 특성 때문에 다양한 계층의 사람들이 섞여 살고 있었다. 적당히 도시적이면서도 적당히 서민적인 시타마치 지역의 분위기가 아이들을 느슨하게 감싸고 있었다. 자이니치 코리안 아이들도 있었다. 예를 들면 유도 검은 띠의 이 군이나 앳된 목소리가 귀엽던 고 상. 둘 다 우리 반의 인기 스타였다.

차별은 음습한 곳에 숨어 있었다. '쟤는 사실 조센진이야'라는 식으로 속삭이는 아이들이 있었다. 지금 생각해 보면 아마도 그들의 부모들이 차별 의식을 심었겠지 싶다. 그리고 그런 차별은 어느 날 갑자기 공공연하게 터져 나온다.

초등학교(소학교) 3학년 때였다. 내 친구들이 어떤 여자애를 "야- 조센진!"하면서 놀리고 괴롭혔다. 나는 그 놀림에 동참하지는 않았지만, 같은 패거리로 찍혀서 함께 담임선생님께 불려 갔다. 도서관에 갔을 때 평소 웃음이 많으시고 상냥한 후쿠시마 선생님은 창밖을 보고 계셨는데, 정말로 불이 붙지 않을까 싶을 정도의 분노가 느껴졌다. 나는 무서워서 부들부들 떨었다. 선생님은 조용하게, 간신히 쥐어 짜내는 듯한 목소리로 그가 2차 세계대전 때 목격한,

탄광에서 비참한 노동을 강요받던 조선인의 모습에 대해 이야기했다. 당시 내가 그 내용을 충분히 이해했다고 말할 수는 없다. 그러나 그 분노와 슬픔만은 뼈저리게 느낄 수 있었다. 어린 마음에도 민족 차별은 사람으로서 용서받을 수 없는 일이라는 것을 알았다. 지금은 얼굴조차 기억나지 않는 후쿠시마 선생님. 그러나 그때 선생님의 불타오르는 듯하던 뒷모습을 나는 평생 잊지 않을 것이다.

그 후 나는 민족이나 나라가 다른 많은 친구들과 만났다. 자이니치 코리안, 한국인, 중국인, 미국인. 그들은 존경할 수 있는 선배였으며 의리 있는 동료였고 마음을 열 수 있는 친구이며 상쾌한 젊은이들이었다. 더없이 소중한 그들과의 기억은 나에게 있어 대부분 도쿄에 있는 몇몇 마을의 이름과 연결되어 있다.

다양한 정체성을 가진 사람들이 오고 가는 도쿄를 나는 좋아한다. 하지만 그러한 다양성을 풍성하게 만들기 위해서는 노력이 필요하다. 간토대지진 당시의 학살을 은폐하지 않고 곱씹어 기억하는 것은 그런 노력의 일부이다. 그것은 단순히 과거의 이야기가 아니다. 사람들의 마음에 남은 상처를 치유하고 미래에 반복하지 않기 위해 필요한 기억이다. 그런 기억이야말로 가장 중요한 '방재 의식'의 하나라고 나는 생각한다.

마지막으로 자료를 해석하기 위해 몇 번이나 문의를 드린 〈간토대지진 때 학살당한 조선인의 유골을 발굴하고 추도하는 모임〉의 여러분, 매우 바쁜 가운데 취지에 공감하여 각 장의 표지를 디자인해 준 서울의 젊은 벗 켄짱, 취재와 촬영을 위해 함께 강행군해 준 〈민족 차별에 대한 항의 행동 - 알리고파 대〉의 동료들, 작업이 막

힐 때마다 늘 신선한 힌트를 던져 준 아내, 그리고 누구보다도 후쿠시마 선생님께 감사드린다.

가토 나오키

加藤直樹

:: 참고문헌 일람

저자, 편자, 역자와 제목을 한국어, 일본어 순서로 병기하되, 출판사 이름은 일본어 표기를 그대로 썼다.

1장 1923년 9월, 대량학살의 거리에서

1923년 9월 1일 토요일 오전 11시 58분 간토 지방 : 매그니튜드 7.9
〈간토대지진을 기록하는 모임〉(関東大震災を記録する会) 엮음, 『수기/ 간토대지진』
   (手記·関東大震災), 新評論, 1975.
야스다 마사히코(安田政彦) , 『재해과 회복의 일본사』(災害復興の日本史), 吉川弘文
   館, 2013.
〈도쿄도위령협회〉(東京都慰霊協会), 『잊지 않다. 전하고 싶다』(忘れない。伝えたい),
   2013.
야마다 쇼지(山田昭次), 「간토대지진과 현대」(関東大震災と現代), [〈간토대지진 80주
   년 기념행사 실행위원회〉(関東大震災80周年記念行事実行委員会) 엮음, 『세계사
   로서의 간토대지진』(世界史としての関東大震災), 日本経済評論社, 2004에 수록.]

1923년 9월 2일 일요일 새벽 시나가와 경찰서 앞 [도쿄 도 시나가와 구] : "조선인을 죽
   여라!"
조선대학교(朝鮮大学校), 『간토대지진 조선인 학살의 진상과 실태』(関東大震災にお
   ける朝鮮人虐殺の真相と実態 復刻版), 一粒出版, 2010. [원서는 1963년 출판됨,
   이하 『진상과 실태』]
금병동(琴秉洞), 『조선인 학살 관련 관청사료』(朝鮮人虐殺関連官庁史料), 緑蔭書
   房, 1997. [이하 『관청사료』]
김찬정(金賛汀), 『자이니치, 격동의 백년』(在日、激動の100年), 朝日新聞社, 2004.

1923년 9월 2일 일요일 오전 5시 아라카와·구 요쓰기바시 다리 부근 [도쿄 도 가쓰시

카 구·스미다 구] : 마치 장작더미처럼

〈간토대지진 당시 학살당한 조선인의 유골을 발굴하고 추도하는 모임〉(関東大震災
時に虐殺された朝鮮人の遺骨を発掘し追悼する会) 엮음, 『바람이여 봉선화 노래
를 실어 가라』(風よ鳳仙花の歌をはこべ), 教育史料出版会, 1992. [이하 『봉선화』]

이시카와 데이지(石川梯二), 『도쿄의 다리』(東京の橋), 新人物往来社, 1977.

『진상과 실태』(1장 「조선인을 죽여라!」 문헌 일람 참조)

1923년 9월 2일 일요일 낮 가구라자카시타 : 가구라자카, 한낮의 흉행

나카지마 겐조(中島健蔵), 『쇼와 시대』(昭和時代), 岩波新書, 1957.

1923년 9월 2일 일요일 오후 경시청 [도쿄 도 지요다 구] : 경찰이 유언비어를 믿을 때

쇼리키 마쓰타로(正力松太郎), 『악전고투(悪戦苦闘)』, 日本図書センター, 1999.

〈간토대지진 당시 학살당한 조선인의 유골을 발굴하고 추도하는 모임〉(関東大震災
時に虐殺された朝鮮人の遺骨を発掘し追悼する会), 『간토대지진 당시 조선인 관련
'유언비어' — 도쿄증언집』(関東大震災時·朝鮮人関連「流言蜚語」·東京証言集),
2012.

〈중앙방재회의〉(中央防災会議), 「1923 간토대지진 보고서 2편 4장 혼란으로 인한 피
해 확대」(1923関東大震災報告書 第2編 第4章 混乱による被害の拡大), 2009.

1923년 9월 2일 일요일 오후 2시 가메이도 역 부근 [도쿄 도 고토 구] : 소요(騒擾)의
거리

〈간토대지진 50주년 조선인 희생자 추도 행사 실행위원회〉(関東大震災五十周年朝
鮮人犠牲者追悼行事実行委員会) 엮음, 『역사의 진실 간토대지진과 조선인 학살』
(歴史の真実 関東大震災と朝鮮人虐殺), 現代史出版会 , 1975. [이하 『역사의 진
실』]

강덕상·금병동(姜徳相·琴秉洞) 엮음, 『현대사 자료 6 간토대지진과 조선인』(現代史
資料6 関東大震災と朝鮮人), みすず書房, 1963. [이하 『현대사 자료 6』]

『봉선화』(1장 「마치 장작더미처럼」 문헌 일람 참조)

마쓰오 쇼이치(松尾章一) 감수, 다자키 고지(田崎公司)·사카모토 노보루(坂本昇) 엮
음, 『간토대지진 정부 육해군 관계 사료 제2권 육군 관계 사료』(関東大震災政府陸
海軍関係史料2巻 陸軍関係史料), 日本経済新聞社, 1997.

〈간토대지진 당시 학살당한 조선인의 유골을 발굴하고 추도하는 모임〉(関東大震災
時に虐殺された朝鮮人の遺骨を発掘し追悼する会), 『간토대지진 당시 조선인 학살

사건 도쿄 서민 거리 필드워크 자료』(関東大震災時 朝鮮人虐殺事件 東京下町フ
ィールドワーク資料), 2011.

1923년 9월 2일 일요일 오후 8시 지토세 가라스야마 [도쿄 도 세타가야 구] : 모밀잣밤
　　나무는 누구를 위한 걸까
야마다 쇼지(山田昭次), 『조선인 학살 관련 신문 보도 사료』(朝鮮人虐殺関連新聞報
　　道史料), 緑蔭書房, 2004.
시모야마 데루오(下山照夫), 『오하시바 터 석주비건립 기념 안내(大橋場の跡 石柱碑
　　建立記念の栞)』, 岩田書院, 1987.
『현대사 자료 6』(1장「소요의 거리」문헌 일람 참조)
〈간토대지진 당시 학살당한 조선인의 유골을 발굴하고 추도하는 모임〉(関東大震災時
　　に虐殺された朝鮮人の遺骨を発掘し追悼する会), 『간토대지진 당시 조선인 학살 도
　　쿄 필드워크 자료 서민 거리 이외 편』(関東大震災時 朝鮮人虐殺事件 東京フィー
　　ルドワーク資料 下町以外編), 2012.

1923년 9월 구 요쓰기바시 다리 부근 [도쿄 도 가쓰시카 구·스미다 구] ; "아무것도 안
　　했어"라며 울고 있었다
기누타 유키에(絹田幸恵), 『아라카와방수로 이야기』(荒川放水路物語), 新草出版,
　　1990.
『봉선화』(1장「마치 장작더미처럼」문헌 일람 참조)

1923년 9월 3일 월요일 오전 우에노 공원 [도쿄 도 다이토 구] : 줏대 없이 떠다니는
　　소시민
소메카와 란센(染川藍泉), 『지진 일지』(震災日誌), 日本評論社, 1981.
『역사의 진실』(1장「소요의 거리」문헌 일람 참조)
『현대사 자료 6』(1장「소요의 거리」문헌 일람 참조)

1923년 9월 3일 월요일 오후 3시 히가시오지마 [도쿄 도 고토 구·에도가와 구] : 중국
　　인은 왜 살해당했을까
다하라 요(田原洋), 『간토대지진과 왕희천 사건』(関東大震災と王希天事件), 三一書
　　房, 1982.
니키 후미코(仁木ふみ子), 『지진 재해 속의 중국인 학살』(震災下の中国人虐殺), 青
　　木書店, 1993.

『간토대지진 정부 육해군 관계 사료 제2권 육군 관계 사료』(関東大震災政府陸海軍
関係史料2巻 陸軍関係史料) (1장「소요의 거리」문헌 일람 참조)
「히로세 외사과장 직화」(広瀬外事課長直話) 외, 외무성문서(外務省文書)「오지마
마치 사건 기타 지나인 살상사건」(大島町事件其他支那人殺傷事件), 일본 국립
공문서관 아시아 역사 자료 센터의 홈페이지, 자료 코드 : B04013322800

1923년 9월 3일 월요일 오후 4시 에이다이바시 다리 부근 [도쿄 도 고토 구·주오 구] :
애매함 속에 매장된 것은 ……
〈간토대지진 85년 심포지엄 실행위원회〉(関東大震災85周年シンポジウム実行委員
会), 『지진·계엄령·학살』(震災·戒厳令·虐殺), 三一書房, 2008.
『간토대지진 정부 육해군 관계 사료 제2권 육군 관계 사료』(関東大震災政府陸海軍
関係史料2巻 陸軍関係史料), (1장「소요의 거리」문헌 일람 참조)
쓰노다 후사코(角田房子), 『아마카스 대위』(甘粕大尉), ちくま文庫, 2005.

1923년 9월 4일 화요일 오전 2시 게이세이 선 아라카와 철교 위 [도쿄 도 아다치 구·
가쓰시카 구] : 몸에 남은 무수한 상처
『진상과 실태』(1장「조선인을 죽여라」문헌 일람 참조)

1923년 9월4일 화요일 아침 가메이도 경찰서 [도쿄 도 고토 구] : 경찰서 안에서
강덕상(姜徳相), 『간토대지진·학살의 기억』(関東大震災·虐殺の記憶), 青丘文化社,
2003.
『간토대지진과 왕희천 사건』(1장「중국인은 왜 살해당했을까」문헌 일람 참조)
『진상과 실태』(1장「조선인을 죽여라」문헌 일람 참조)

1923년 9월 구 요쓰기바시 다리 부근 [도쿄 도 가쓰시카 구·스미다 구] : 병사가 기관
총으로 죽였다
『봉선화』(1장「마치 장작더미처럼」문헌 일람 참조)

2장 1923년 9월, 지방으로 확산되는 악몽

1923년 9월 간토 북부 지방 : 유언비어는 기차를 타고
에구치 간(江口渙), 『나의 문학 반세기·속편』(わが文学半世紀·続), 春陽堂書店,

1958.

『아사히신문』(朝日新聞), 1996년 4월 16일 자.

『시모쓰케신문』(下野新聞), 2013년 9월 2일 자.

스즈키 준(鈴木淳), 『간토대지진 : 소방·의료·자원봉사에서 검증한다』(関東大震災 :
消防·医療·ボランティアから検証する), ちくま新書, 2004.

〈간토대지진 60주년 조선인 희생자 조사 추도 실행위원회〉(関東大震災60周年朝鮮
人犧牲者調査追悼実行委員会) 엮음, 『숨겨진 역사 증보 보존판』(かくされていた
歴史 増補保存版), 日朝協会埼玉県連合会, 1987.

『역사의 진실』(1장 「소요의 거리」 문헌 일람 참조)

『진상과 실태』(1장 「조선인을 죽여라!」 문헌 일람 참조)

『봉선화』(1장 「마치 장작더미처럼」 문헌 일람 참조)

1923년 9월 4일 화요일 밤 구마가야 [사이타마 현 구마가야 시] : '만세' 소리와 함께

야마기시 시게루(山岸秀), 『간토대지진과 조선인 학살 : 80년 후의 철저 검증』(関東大
震災と朝鮮人虐殺 : 80年後の徹底検証), 早稲田出版, 2002. [이하 『철저 검증』]

기타자와 후미타케(北沢文武), 『다이쇼의 조선인 학살 사건』(大正の朝鮮人虐殺事
件), 鳩の森書房, 1980.

『현대사 자료 6』(1장 「소요의 거리」 문헌 일람 참조)

1923년 9월 5일 수요일 오후 4시 반 구 라칸지 부근 [도쿄 도 고토 구]

제물이 된 16명

『지진 재해 속의 중국인 학살』(1장 「중국인은 왜 살해당했을까」 문헌 일람 참조)

『봉선화』(1장 「마치 장작더미처럼」 문헌 일람 참조)

『현대사 자료 6』(1장 「소요의 거리」 문헌 일람 참조)

『간토대지진·학살의 기억』(1장 「경찰서 안에서」 문헌 일람 참조)

『간토대지진과 왕희천 사건』(1장 「중국인은 왜 살해당했을까」 문헌 일람 참조)

1923년 9월 6일 목요일 오전 2시 요리이 경찰분서 [사이타마 현 요리이마치] : 어느 이
웃의 죽음

『현대사 자료 6』(1장 「소요의 거리」 문헌 일람 참조)

『철저 검증』(2장 「만세 소리와 함께」 문헌 일람 참조)

『다이쇼의 조선인 학살 사건』(2장 「만세 소리와 함께」 문헌 일람 참조)

『숨겨진 역사』(2장 「유언비어는 기차를 타고」 문헌 일람 참조)

1923년 9월 고엔지 [도쿄 도 스기나미 구] : 고엔지의 '반달 할아버지'
『봉선화』(1장 「마치 장작더미처럼」 문헌 일람 참조)

1923년 9월 9일 일요일 오전 이케부쿠로 [도쿄 도 도시마 구] : 저기 조선인이 간다!
『봉선화』(1장 「마치 장작더미처럼」 문헌 일람 참조)

1923년 9월 기헤이바시 다리 [도쿄 도 고다이라 시] : 무사시노 숲 속에서
가미야마 긴사쿠(神山金作), 『고향 옛날이야기 제1호(ふるさと昔ばなし第1号)』, 자체
출판, 2006. 고다이라 시 문화진흥재단 〈고다이라 후루사토 무라〉 (고다이라시 덴
진초) 소장 서적.
『현대사 자료 6』(1장 「소요의 거리」 문헌 일람 참조)

1923년 9월 12일 수요일 해뜨기 전 사카사이바시 다리 [도쿄 도 고토 구] : 왕희천, 칠
십 년 동안의 '행방불명'
『역사의 진실』(1장 「소요의 거리」 문헌 일람 참조)
『지진 재해 속의 중국인 학살』(1장 「중국인은 왜 살해당했을까」 문헌 일람 참조)
『간토대지진과 왕희천 사건』(1장 「중국인은 왜 살해당했을까」 문헌 일람 참조)
〈지바현의 간토대지진 조선인 희생자 추도·조사 실행위원회〉(千葉県における追悼·
調査実行委員会) 엮음, 『이유 없이 살해된 사람들』(いわれなく殺された人々), 青
木書店, 1983.

3장 그 9월을 살아 낸 사람들

너무나 심한 광경이었다 : 논픽션 작가 호사카 마사야스의 아버지가 살아 낸 인생
호사카 마사야스(保坂正康), 『바람이 전하는 기록 : 나의 쇼와사 1 청춘의 권』(風来
記 わが昭和史(1)青春の巻), 平凡社, 2013.
기타하라 이토코(北原糸子), 『일본재해사』(日本災害史), 吉川弘文館, 2006.
『조선인 학살 관련 신문 보도 사료』(1장 「모밀잣밤나무는 누구를……」 문헌 일람 참
조)
『지진 재해 속의 중국인 학살』(1장 「중국인은 왜 살해당했을까」 문헌 일람 참조)

"선인들 머리통만 뒹굴고 있었습니다" : 아이들이 본 조선인 학살

금병동(琴秉洞) 엮음, 『조선인 학살 관련 아동 증언 사료』(朝鮮人虐殺関連児童証言史料), 緑蔭書房, 1989.
『조선인 학살 관련 신문 보도 사료』(1장 「모밀잣밤나무는 누구를……」 문헌 일람 참조)

조선인으로 오인 받은 일본인 : '센다 코레야'를 낳은 사건
『역사의 진실』(1장 「소요의 거리」 문헌 일람 참조)
『이유 없이 살해된 사람들』(2장 「왕희천, 칠십 년 동안의 '행방불명'」 문헌 일람 참조)
『진상과 실태』(1장 「조선인을 죽여라!」 문헌 일람 참조)
『결정판 쇼와사 4』(決定版 昭和史4), 毎日新聞社, 1984.

75년 후 발굴된 유골 : 나라시노 수용소에서 살해된 사람들
『아사히신문』(朝日新聞), 1999년 1월 12일 자.
『오키나와 타임스』(沖縄タイムス), 2003년 6월 13일 자.
『이유 없이 살해된 사람들』(2장 「왕희천, 칠십 년 동안의 '행방불명'」 문헌 일람 참조)
『간토대지진·학살의 기억』(1장 「경찰서 안에서」 문헌 일람 참조)

"저 조선인들에게는 손가락 하나 못 댄다" : 이웃을 지킨 마을 사람들
『간토대지진 당시 조선인 관련 '유언비어'·도쿄 증언집』(1장 「경찰이 유언비어를 믿을 때」 문헌 일람 참조)
『역사의 진실』(1장 「소요의 거리」 문헌 일람 참조)
『이유 없이 살해된 사람들』(2장 「왕희천, 칠십 년 동안의 '행방불명'」 문헌 일람 참조)
『철저 검증』(2장 「만세 소리와 함께」 문헌 일람 참조)

화석이 되어라, 이 흉한 해골아! : 아키타 우자쿠의 '쓸쓸함'
『일본 프롤레타리아 문학집35』(日本プロレタリア文学集35), 新日本出版社, 1988. (이 책에는 아키타 우자쿠 외에도 가메이도 경찰서에서 학살당한 히라사와 게이시치의 작품도 수록되어 있다.)
야마다 쇼지(山田昭次), 『간토대지진 때의 조선인 학살과 그 후』(関東大震災時の朝鮮人虐殺とその後), 創史社, 2011.
『역사의 진실』(1장 「소요의 거리」 문헌 일람 참조)

"그대들은 누구를 죽였다고 믿는가" : 오리구치 시노부가 본 일본인의 다른 면모

『일본 근대 문학대계 46권 오리구치 시노부 집』(日本近代文学大系46巻 折口信夫集), 角川書店, 1972.

이시이 마사미(石井正己), 『문호들의 간토대지진 체험기』(文豪たちの関東大震災体験記), 小学館101新書, 2013.

『오리구치 시노부』(折口信夫), 筑摩書房, 2008.

나카자와 신이치(中沢新一), 『미래에서 온 고대인』(未来から来た古代人), ちくまプリマー新書, 2008.

"하물며 살육을 기뻐하다니" : 아쿠타가와 류노스케의 반어법

아쿠타가와 류노스케(芥川龍之介), 「다이쇼 12년 9월 1일의 대지진에 임해」(大正十二年九月一日の大震に際して), 青空文庫.

_____, 「난쟁이 어릿광대의 말」(侏儒の言葉), 青空文庫.

구도 미요코(工藤美代子), 『간토대지진 '조선인 학살'의 진실』(関東大震災「朝鮮人虐殺」の真実), 産経新聞出版, 2009.

세키구치 야스요시(関口安義), 『되살아나는 아쿠타가와 류노스케』(よみがえる芥川龍之介), NHKライブラリー, 2006.

어느 '무소속 인간'의 분노 : 반골적인 제국 의회 의원 다부치 도요키치

『관청사료』(1장 「조선인을 죽여라!」 문헌 일람 참조)

야마모토 교스케(山本享介), 『경세의 사람 다부치 도요키치 전』(警世の人 田淵豊吉伝), 詩画工房, 1990.

고야마 히토시(小山仁示), 「권세에 저항한 다부치 도요키치 의원 I, II」(権勢に抗した田淵豊吉代議士 I, II), 『월간 휴먼라이쓰』(月間ヒューマンライツ), 2003년 8월호 및 12월호.

일본변호사연합회(日弁連), 「간토대지진 인권구제신청 사건조사보고서」(関東大震災人権救済申立事件調査報告書)(http://www.azusawa.jp/shiryou/kantou-200309.html).

조감도 I : 학살은 왜 일어난 것인가?

『간토대지진 때의 조선인 학살과 그 후』(3장 「아키타 우자쿠의 '쓸쓸함'」 문헌 일람 참조)

『역사의 진실』(1장 「소요의 거리」 문헌 일람 참조)

『간토대지진·학살의 기억』(1장 「경찰서 안에서」 문헌 일람 참조)

『조선인 학살 관련 아동 증언 사료』(3장 「아이들이 본 조선인 학살」 문헌 일람 참조)

조감도 Ⅱ : 도대체 몇 명이 살해되었는가?

미야지 다다히코(宮地忠彦), 『지진과 치안실서구상』(震災と治安秩序構想), クレイン, 2012.

「간토대지진 인권 구제신청 사건 조사 보고서」(3장 「반골적인 제국 의회 의원⋯⋯」 문헌 일람 참조)

금병동(琴秉洞) 엮음, 『간토대지진 조선인 학살 문제 관계 사료 4 조선인 학살에 관한 식민지 조선의 반응』(関東大震災朝鮮人虐殺問題関係史料4 朝鮮人虐殺に関する植民地朝鮮の反応), 緑蔭書房, 1989.

『현대사 자료 6』(1장 「소요의 거리」 문헌 일람 참조)

『간토대지진・학살의 기억』(1장 「경찰서 안에서」 문헌 일람 참조)

4장 90년 후의 '9월'

추도하는 사람들 : '요쓰기바시' 다리 옆에 세워진 비

『봉선화』(1장 「마치 장작더미처럼」 문헌 일람 참조)

블로그 〈공을 타는 고양이의 은밀한 즐거움〉(玉乗りする猫の密かな愉しみ), http://furukawa.exblog.jp/962974

『아라카와방수로 이야기』(1장 「"아무것도 안 했어"라며 울고 있었다」 문헌 일람 참조)

『간토대지진 때의 조선인 학살과 그 후』(3장 「아키타 우자쿠의 '쓸쓸함'」 문헌 일람 참조)

『간토대지진 당시 조선인 학살 사건 도쿄 서민 거리 필드워크 자료』(1장 「소요의 거리」 문헌 일람 참조)

야마자키 게사야(山崎今朝弥), 『지진・헌병・화재・순사』(地震・憲兵・火事・巡査), 岩波文庫, 1982.

증오하는 사람들 : 되살아나는 말 '조선인을 죽여라!'

금병동(琴秉洞) 엮음, 『간토대지진조선인학살문제관계사료3 지식인의 반응2(関東大震災朝鮮人虐殺問題関係史料3 知識人の反応2)』, 緑蔭書房, 1996.

기무라 (木村幹), 「『불결』과 『공포』 문학자들을 통해 보는 일본인의 한국 이미지」(『不潔』と『恐れ』文学者に見る日本人の韓国イメージ), [오카몬토 고지(岡本幸治) 편

저, 『근대 일본의 아시아관』(近代日本のアジア観), ミネルヴァ書房, 1998 에 수록.]
『간토대지진 당시 조선인 관련 '유언비어'·도쿄 증언집』(1장 「경찰이 유언비어를 믿을
    때」 문헌 일람 참조)

2005년, 뉴올리언스의 거리에서

레베카 솔닛(レベッカ·ソルニット), 『재해유토피아』(災害ユートピア), 高月園子訳, 亜紀
    書房, 2010. [레베카 솔닛, 『이 폐허를 응시하라 : 대재난 속에서 피어나는 혁명적 공
    동체에 대한 정치 사회적 탐사』, 장해영 옮김, 펜타그램, 2012.]
『현대사 자료 6』(1장 「소요의 거리」 문헌 일람 참조)
『간토대지진·학살의 기억』(1장 「경찰서 안에서」 문헌 일람 참조)
『숨겨진 역사』(2장 「유어비어는 기차를 타고」 문헌 일람 참조)

도쿄는 지금도, 90년 전의 트라우마를 안고 있다 : 이시하라의 '삼국인'(三國人) 발언과
    엘리트 패닉

토요하루(佐藤豊治), 「한신대지진과 범죄 문제」(阪神大震災と犯罪問題) [다나카 마
    사타카(田中正敬), 「근년의 간토대지진사 연구의 동향과 과제」(近年の関東大震災
    史研究の動向と課題), 『세계사로서의 간토대지진』(1장 「매그니튜드 7.9」 문헌 일람
    참조)에서 재인용.]

'비인간'화에 저항하다

「『불결』과 『공포』 문학자들을 통해 보는 일본인의 한국 이미지」(『不潔』と『恐れ』 文
    学者に見る日本人の韓国イメージ)(4장 「증오하는 사람들」 문헌 일람 참조)
『간토대지진 때의 조선인 학살과 그 후』(3장 「아키타 우자쿠의 '쓸쓸함'」 문헌 일람 참
    조)

요시무라 아키라(吉村昭), 『간토대지진』(関東大震災), 文春文庫, 2004[1973]
〈기쿠치 간 상〉을 수상한 기록문학의 명작. 상세한 역사 자료와 박력 넘치는 문장으로
그 때 일어난 일을 기록하고 있다. 당시 떠돌아다닌 유언비어와 조선인 학살에 대해 상
당히 자세히 기술하고 있다. 지진이 자주 일어나는 일본에 사는 모두가 읽어야 할 필독
서이지만 특히 조선인 학살 문제에 관심이 있는 사람들에게 훌륭한 입문서로 권유하
고 싶다.

강덕상(姜德相), 『간토대지진 · 학살의 기억』(関東大震災 · 虐殺の記憶), 靑丘文化社,
　　2003 [강덕상, 『학살의 기억, 관동대지진』, 김동수 · 박수철 옮김, 역사비평사, 2005.]
1975년에 출판된 『간토대지진』(中公新書)에 그 후 밝혀진 몇 가지 사실들 (나라시노
수용소에서의 살해 등)을 추가한 증보판이다. 아쉽게도 두 책 모두 절판이 된 상태지
만 조선인 학살 문제의 전체적인 그림을 이해하는 데 고전이라고도 할 수 있는 저작이
다. 유언비어의 전파와 배경, 행정의 동향과 책임 등 기본적인 사실 관계는 물론 이 문
제를 생각할 때 중요한 논점들이 제시되어 있다. 대부분의 도서관이 이 두 권의 책을
소장하고 있으며, 1975년판은 몇백 엔이면 헌책으로도 구할 수 있다. 휴대하기에도 좋
은 크기이므로 꼭 읽어볼 것을 권하고 싶다.

〈간토대지진 당시 학살당한 조선인의 유골을 발굴하고 추도하는 모임〉(関東大震災
　　時に虐殺された朝鮮人の遺骨を発掘し追悼する会) 엮음, 『바람이여 봉선화 노래를
　　실어 가라(風よ鳳仙花の歌をはこべ)』, 教育史料出版会, 1992.
구 요쓰기바시 다리 주변에서 벌어진 학살의 증언들을 발굴하고 추도비를 세운 〈추도
모임〉이 엮은 책이다. 도쿄의 시타마치(서민 거리)를 중심으로 학살을 목격한 사람들,
학살을 간신히 피한 조선인들의 증언을 담고 있다. 이름 없는 사람들의 말을 통해 이
책이 전달하고 있는 것은 전체 그림보다는 '그때 거리에서 무슨 일이 일어나고 있었는
가?'이다.

미야지 다다히코 (宮地忠彦), 『지진과 치안실서구상』(地震と治安秩序構想), クレイン, 2012.
"다이쇼 데모크라시의 '선도'(善導)주의를 중심으로"라는 부제가 붙은 이 책은 1970년 생의 젊은 연구자(릿쿄 대학 준교수)가 만들어 낸 새로운 관점의 연구 성과라고 할 수 있다. '경찰의 민중화', '민중의 경찰화'를 지향하는 다이쇼 기의 치안 정책 개혁의 흐름을 '선도'(善導)주의라 칭하며 지진 당시 벌어진 자경단의 폭주와 행정의 혼란을 선도주의의 파탄으로 평가한다. 378쪽에 이르는 분량이 부담스러울 수도 있지만, 앞서간 세대에 의한 조선인 학살 연구와 사실의 발굴을 제대로 이어 받은 후, 그것을 기반으로 자신의 연구를 전개하는 성실함에 감동하게 된다. 도시문제의 연구서를 대상으로 주어지는 〈후지타 상〉 수상작이다.

〈중앙방재회의 재해 교훈의 계승에 관한 전문조사회〉(中央防災会議災害教訓の継承に関する専門調査会), 「1923 간토대지진 보고서 2편 4장 혼란으로 인한 피해 확대」(1923関東大震災報告書 第2編), 2009.
〈중앙방제회의〉는 내각부 정책회의의 하나로 모든 각료와 지정 공공기관의 대표자, 학자/지식인에 의해 구성되어 있다. 조선인 학살 문제를 다룬 4장은 인터넷에서 읽을 수 있다. 「第4章 混乱による被害の拡大」, 「第2節 殺傷事件の発生」으로 검색. 조선인 학살에 대해 쓰인 가장 정확한 문서 중 하나로 인터넷에서 읽을 수 있다는 장점이 있다.
http://www.bousai.go.jp/kyoiku/kyokun/kyoukunnokeishou/rep/1923-kantoDAISHINSAI_2/

중국인 학살에 관해서는 다음과 같은 책들이 참고할 만하다.

다하라 요(田原洋), 『간토대지진과 왕희천 사건』(関東大震災と王希天事件), 三一書房, 1982.
니키 후미코(仁木ふみ子), 『지진 재해 속의 중국인 학살』(震災下の中国人虐殺), 青木書店, 1993.
같은 저자, 『간토대지진 중국인 대학살』(関東大震災 中国人大虐殺), 岩波ブックレット, 1991.

모두 읽기 쉽고 좋은 책이지만 구하기가 쉽지 않다. 도서관이나 중고 서점에서 찾아볼 것을 권한다.

올 초 현재 내가 거주 중인 밴쿠버 인근의 버나비 시에서는 '위안부 소녀상'을 둘러싼 논쟁이 있었다. 한국 경기도 화성시가 자매 도시인 버나비에 동상을 건립할 계획을 발표하자 일부 일본계 이민자들이 이를 반대하는 서명을 냈고 결국 계획이 보류된 것이었다. 나는 이 일을 여기에 유학 중인 재일 코리안 친구에게서 전해 들었는데, 그녀는 한국이 이 사건을 언론화하는 방식에 상당히 실망하고 있었다. 한국의 언론들이 마치 일본인이 승리하고 한국이 패배했다는 식으로 이 사건을 보도하고 있더라는 것이다.

문제는 그런 식의 무의미한 대결 구도로 선정적인 기사를 뽑아내는 한국 언론 대부분이 일본의 극우 언론인 『산케이 신문』의 정보에 의지하여 기사를 작성하고 있다는 사실이었다. 이는 일견 아이러니해 보이지만 실은 지극히 자연스러운 일이다. 그들이 동일한 논리를 구사하고 있기 때문이다. '일본인' 혹은 '한국인'이라는 기호에 의지해 나와 적을 나누고 상대를 혐오하기. 그 사이에서 역사의 복잡한 결들은 놀랄 만큼 단순해지고 다른 목소리(이를테면 전쟁 가해자로서의 자각이 부족한 일본인들을 비판하는 일본인들의 목소리나 동상 건립이 '한국인의 승리'가 아니라 평화운동으로서의 절실한 의미를 가지려면 어떤 책임과 행동들이 뒤따라야 하는지를 묻는 한국인들의 목소리)는 지워지고 만다. 현실에서 만나 여러 가지 방식으로 관계를 맺어 나가야할 이웃인 이주민들은 '잠재적인 범죄자', 공포와 혐오의 대상이 된다.

이 책을 번역하는 내내 저자가 말하는 '비인간'화의 논리에 의해 삭제되고 사라졌던 사람들의 얼굴들과 목소리를 생생하게 느낄 수 있었다. 그 공포와 고통을 고스란히 되살리고 다시 말하게 하는 이 책은 마치 어둠속에서 원혼들을 불러내어 말을 걸고 위로하는 굿과도 같았다.

간토대학살로부터 90년이 지난 지금, 우리는 한국에서도 일본에서도 그리고 세계 어디에서나 또다시 광기와 폭력의 전조들을 목격하고 있다. 공포라는 미디어를 타고 퍼져 나가는 이 광기 속에서 우리는 어떻게 인간으로서의 긍지를 지킬 수 있을 것인가. 90년 전의 도쿄. 그 참담할 정도의 폭력과 광기 속에서도 인간으로서의 긍지를 지킨 자들이 있었다. 타인을 얼굴과 목소리를 지닌 하나의 인간으로 마주함으로써 우리는 비로소 인간으로서의 긍지를 지킬 수 있다고 이 책은 말한다. 또 이 책은 말한다. 구학영과 미야자와 기쿠지로가 그랬듯이 하나하나의 평범한 사람들이 만나 맺어 나가는 일상적인 관계들, 그 소소한 관계들의 연결망을 통해서만 사회라는 것은 비로소 가능하다고.

혐오를 부추기고 퍼뜨리며 사람들을 서로로부터 분리시키는 저급한 미디어에 지친 우리들/독자들이 이 책이 불러내는 목소리들, 얼굴들을 보고 들으며 인간으로서의 긍지를 확인하고 위로받을 수 있기를. 그렇게 우리들이 우리 이웃을, 타자들을 인간으로 마주 대하고 공감의 파이프라인을 연결할 수 있기를 바란다.

밴쿠버에서 디디

번역 제안을 받고 며칠 후 출판사에서 보내 준 책을 읽었다. 그러고 나서 저자인 가토 나오키 씨가 몇 년 전 도쿄 고엔지에서 만난 가시마 씨라는 것을 알게 되었다. 이 제안은 수락하지 않을 수 없었다.

그를 처음 본 건 당시 일본에서 안식년을 보내던 중인 Y선생님과 함께 2000년대 초반 청년 운동이 일어난 고엔지의 거리를 구경하고 그 동네에서 활동하는 사람들을 만났던 때였다. 두세 시간 가량 한국과 일본의 운동이나 역사 문제에 대해 한국어와 일본어를 오가며 이야기를 나눴던 것 같다. 솔직히 말해 대화의 내용은 거의 기억이 나지 않는다. 하지만 이 책을 읽는 독자들 또한 느낄 수 있지 않을까 싶은 열정적이면서도 따뜻하고 온화한 그의 성품이 매우 인상적이었다. 더불어 무쇠처럼 오랜 기간 단련된 지식과 경험을 가진 분이라는 것도 알 수 있었다.

간토대지진이 일어난 후 90년 이상의 세월이 흘렀다. 90년. 우리가 구체적인 경험으로는 생각하기 어려운 시간이다. 이 책에서 가토 씨는 그러한 세월의 추상성을 넘어 우리를 그 시간과 장소로 이끌어 간다. 마치 그 당시의 그 거리가 지금 여기의 도쿄의 거리로 이어져 우리들과 함께 현지답사를 하듯이.

물론 이것은 현지답사와는 다르다. 이것은 이야기다. 어려운 전문 용어나 개념어, 현란한 수식어 따위 사용하지 않고 가토 씨는 이야기한다.

여러 개의 목소리들이 울린다. 그 목소리들은 어디서 흘러나와 어디로 향하고 있는가? 그 목소리들의 앞, 혹은 뒤에는 동작이, 사람들의 움직임이 있다. 누가 누구를. 누가 누구에게. 무엇을. 무엇으로. 어떻게. 그리고 그렇게 흘러나온 목소리들이 아직 이어지고 있다.

거기엔 또한, 가토 씨가 독자들에게 전달하는 메시지와 감수성이 있다. 일본어로 된 이야기와 메시지를 한국 독자들에게 전달하는 것이 우리의 역할이었다. 그 작업은 처음에 생각했던 것보다 훨씬 어려웠다.

한국어와 일본어의 문법과 서술 방식이 갖고 있는 차이를 조율하여 자연스럽게 바꾸는 것은 기본적인 일이지만, 이 책에 유독 많이 나오는 한자 지명과 인명이 어떻게 발음되는지 찾는 일부터 번역 초고의 내용을 검토하기 위해 낭독을 하는 동안 옆방에서 자고 있는 아이들에게 너무 잔혹한 이야기들이 들리지 않도록 신경 쓰는 것까지. 그러나 무엇보다도 어려웠던 건 의미의 전달이었다. 한국과 일본은 다른 역사적 감수성을 갖고 있기 때문에 번역하는 동안 원래는 없었던 의미가 생기거나, 원래 표현된 의미가 흐려지거나 왜곡되는 것은 아닐까라는 걱정이 계속 따라붙었다.

새삼스럽게 말하지만, 간토대지진은 한국과 일본의 민중을 결정적으로 분할해 버린 사건이라고 할 수 있지 않을까? 그 분할이 과거에는 합방 속의 분할이었다면 현재에는 같은 세계 질서 속에서의 분할이라고 할 수 있을 것이다. 이 책을 읽으며 알 수 있는 것은 조선인·중국인의 학살은 일제시대에 이미 역사 인식에서 중요한 문제가 되어 있었다는 사실이다. 간토대지진 당시 조선인 학살은 식민지 당국에게 있어서도 불편한 진실이었다. 대중매체가 발달하기 시작하고 근대사회가 형성된 다이쇼 시대. 자유와 권리를 적당히 허용하는 한편 반체제로 간주되는 소수자나 약자를 탄압하고 진실을 억누르는, 그런 자유민주주의 체제의 뿌리가 바로 이 시대에 있었다.

그 체제 안에서 그 체제의 문법을 사용해 이야기를 전달하고, 그러면서 다시 그 체제를 바꾸려고 하는 것. '불령'이라는 말은 더 이상 참을 수 없다는 뜻이다. 그래서 불령함은 위험하다. 불령함이 학살로 이어지기 전에 불령함으로 연대를 만든다면, 우리의 공감은 언어를 넘어 다시 나누어져야만 한다.

그것은 오야마 역 앞에서 군중을 가로막은 오시마 사다코, 마루야마 부락에서 조선인 이웃을 지킨 야스조, 그리고 엄청난 트라우마를 입었음에도 증언을 한 피해자들, 자신이나 자신의 가족의 죄를 고백한 몇몇 사람들, 나아가 이 역사의 교훈을 살리기 위해 노력해 온 시민과 역사가 들의 삶을 미래에 전달하는 일을 통해 이루어지는 것이 아닐까 싶다. 그것이 설령 재앙이 다가온다고 하더라도, 그 속에 유토피아를 준비하는 일이 아닐까 싶다.

하지메

작년 여름 이 책의 번역 제안을 받았다. 작업을 시작하여 한국어판으로 출판하기까지 꼬박 1년이란 시간이 흘렀다. 처음엔 좀 더 빨리 마칠 수 있으리라 생각했지만, 막상 책을 펼쳐 들자 한 장 한 장 읽어 나가는 것 자체가 힘들었다. 학살 장면에 이르러서는 잠시 책을 덮어두고 책상머리를 떠나지 않을 수 없을 만큼 고통스러울 때도 있었다. 번역이 진행될수록 그 작업은 (어찌 보면) 평온하던 일상을 마구 휘저어 버렸다.

현재 한국에서는 다문화라는 이름 아래 이주노동자, 결혼 이주여성, 그리고 그들의 가족들에 대한 관심이 높아진 것처럼 보이지만 이들에 대한 착취와 편견은 여전히 사회 곳곳에 도사리고 있다. 우리 안에 여전히 타자에 대한 낯설음과 실체 없는 두려움이 잠재해 있는 것이다. 우리가 우리 주변 소수자에 대한 날 선 시선을 거두고 그들을 이웃으로 바라보는 데 이 책이 도움이 되길 바란다. 90년 전 도쿄의 거리를 함께 걷는 이 작업을 끝까지 할 수 있도록 이끌어 준 가토 나오키 씨의 진지하고도 열성적인 안내에 감사드린다.

마지막으로 우리 팀을 믿고 뜻 깊은 작업을 맡겨 준 갈무리 출판사와 원서의 간지 디자인에 이어 한국어판의 디자인을 맡아 준 켄짱, 그리고 프리뷰어로서 깊은 관심을 가지고 번역 초고를 읽고 교정을 해 주신 김영철, 이미경, 이종호, 표광소 선생님께 깊은 감사를 드린다. 마무리 단계에서 일상을 유지할 수 있도록 협력해 준 빨간거북, 한동안 컴퓨터 화면만 바라보고 있는 엄마 아빠를 참고 버텨 준 린과 련에게도 감사의 말을 전하고 싶다.

소랑

기노시타 木下

가가와 도요히코 賀川豊彦

가네코 나오시 金子直

가미야마 긴사쿠 神山金作

가와이 요시토라 川合義虎

가키우치 야스오 垣内八州夫

간노 스가 菅野スガ

강덕상 姜徳相

고토 신페이 後藤新平

고토쿠 슈스이 幸徳秋水

구도 미요코 工藤美代子

구보노 시게지 久保野茂次

구학영 具学永

금병동 琴秉洞

기누타 유키에 絹田幸恵

기도 시로 木戸四郎

기무라 간 木村幹

기쿠치 간 菊池寛

김용택 金容宅

나가이 류타로 永井柳太郎

나가이 진자부로 永井仁三郎

나상윤 羅祥允

나쓰메 소세키 夏目漱石

나카니시 이노스케 中西伊之助

나카지마 겐조 中島健蔵

난바 다이스케 難波大助

니카이도 사지로 二階堂左次郎

니키 후미코 仁木ふみ子

다부치 도요키치 田斑豊吉

다카나시 데루노리 高梨輝憲

다케우치 세이지 竹内政次

다하라 요 田原洋

도미조 富蔵

도상봉 都相鳳

도조 히데키 東条英機

도쿠다 게이조 徳田慶蔵

도쿠다 야스조 徳田安蔵

도쿠다 오사무 徳田オサム

도쿠토미 로카 徳富蘆花

마달출 馬達出

마루야마 덴타로 丸山伝太郎

무토 요시 武藤よし

미야와키 다쓰지 宮脇辰至

미야자와 기쿠지로 宮澤菊次郎

미야자키 도텐 宮崎滔天

미우라 고조 三浦孝三

미즈노 렌타로 水野錬太郎

반 도시코 伴敏子

사사키 효기치 佐々木兵吉

사카이 다케지로 酒井竹次郎

사카키바라 야에코 榊原八重子

사쿠라이 마코토 桜井誠

사토 하루오 佐藤春夫

센다 코레야千田是也 (이토 구니오)

소메가와 란센 染川藍泉

쇼리키 마쓰타로 正力松太郎

시노즈카 고키치 篠塚行吉
시마자키 기스케 島崎儀助
시바야마 고노스케 紫山好之助
신숙옥 辛淑玉
신창범 慎昌範
신홍식 申鴻湜
쓰노다 고레시게 津野田是重
쓰노다 후사코 角田房子
아라이 료사쿠 新井良作
아라이 유 新井宥
아리시마 다케오 有島武郎
아사오카 주조 浅岡重蔵
아쿠타가와 류노스케 芥川龍之介
아키타 우자쿠 秋田雨雀
야나기 무네요시 柳宗悦
야마기시 시게루 山岸秀
야마다 쇼지 山田昭次
야마모토 곤노효에 山本権兵衛
야마무로 군페이 山室軍兵
야마오카 교이치 山岡強一
야마자키 게사야 山崎今朝弥
에구치 간 江口渙
엔도 사부로 遠藤三郎
엣추야 리이치 越中谷利一
오리구치 시노부 折口信夫
오시마 사다코 大島貞子
오카모토 잇페이 岡本一平
오카무라 긴자부로 岡村金三郎
오카와 쓰네키치 大川常吉
와타나베 요시오 渡辺良雄
왕희천 王希天
우라베 마사오 浦辺政雄
우에스게 신키치 上杉慎吉

윤극영 尹克榮
이성구 李性求
이시하라 신타로 石原慎太郎
이와나미 기요사다 岩波清貞
인조 韻蔵
임선일 林善一
장병린 章炳麟
전호암 全虎巖
정세복 鄭世復
정연규 鄭然圭
정치요 鄭チヨ
조인승 曹仁承
조춘옥 趙春玉
주은래 周恩來
하기와라 사쿠타로 萩原朔太郎
호사카 마사야스 保阪正康
호시 류조 星柳三
황자연 黃子連
후루모리 시게타카 古森繁高
후세 다쓰지 布施辰治
후쿠다 福田
히라사와 게이시치 平沢計七
히로세 외사과장 広瀬外事課長

:: 지명 대조표

가가와 현 香川県
가구라자카 神楽坂
가구라자카시타 神楽坂下
가나가와 현 神奈川県
가라스야마 시모주크 烏山下宿
가라스야마 烏山
가라스야마가와 강 烏山川
가라스야마마치 烏山町
가메이도 亀戸
가미스즈키 上鈴木
가미히라이바시 다리 上平井橋
가스미초 霞町
가스야 粕谷
가쓰시카, 가쓰시카 구 葛飾区
가와구치 川口
고가네이 小金井
고노다이 国府台 혹은 鴻の台
고다이라 小平
고마쓰가와 小松川
고마쓰가와마치 小松川町
고마자와 駒沢
고슈카이도 甲州街道
고엔지 高円寺
고이시가와 小石川
고쿠분지 国分寺
고토 구 江東区
고토부키, 고토부키초 寿町
교토쿠 行徳

구 나카가와 강 旧中川
구 요쓰기바시 旧四ッ木橋
구마가야 熊谷
군마 群馬
규에몬바시 久衛門橋
기네가와바시 다리 木根川橋
기네가와바시 木根川橋
기노네바시 다리 木の根橋
기치조지 吉祥寺
기타 구 北区
기타타마 北多摩
기헤이바시 喜平橋
긴시초 錦糸町
긴자 銀座
길림성 吉林省
나가사키 長崎
나가사키무라 長崎村
나가오카초 長岡町
나기노하라 なぎのはら
나라시노 習志野
나스시오바라 那須塩原
나스카라스야마 시 那須烏山市
나카노 사계절의 도시 中野四季の都市
나카노 中野
네무로 根室
네즈 根津
노나카 野中
니시오지마 西大島

니시오쿠보 西大久保
닛포리 日暮里
다노 군 多野郡
다마가와 多摩川
다마가와죠수이 玉川上水
다바타 田端
다이시도 太子堂
다이토 구 台東区
다카마쓰 高松
다카쓰 高津
데라지마 寺島
도네가와 利根川
도미사카 富坂
도시마 구 豊島区
도야마가하라 戸山ケ原
도치기 현 栃木県
도쿄 도 위령당 東京都慰霊堂
도호쿠 東北
라칸지 羅漢寺
료고쿠 両国
루추 府中
마루야마 丸山
마루코 丸子
마루하치바시 丸八橋
마마다 間々田
메구로 目黒
메구리타신덴 回田新田
모지항 門司港
무사시노 武蔵野
미나미가쓰시카 군 南葛飾郡
미나미시나가와 南品川
보소반도 房総半島
분쿄 구 文京区

사가미 만 相模湾
사루에 猿江
사루에우라마치 猿江裏町
사이타마 埼玉
사카사이바시 逆井橋
산야 山家
세타가야 世田谷
센다가야 千駄ケ谷
센카와 千川
쇼주인 正樹院
스기나미 구 杉並区
스미다, 스미다 구 墨田区
스미다가와 강 隅田川
시나가와, 시나가와 구 品川区
시모가와라 下河原
시모노세키 下関
시부야 渋谷
시타마치 下町
시타야 下谷
신보초 神保町
신오쿠보 新大久保
신주쿠 新宿
신카이바시 新開橋
쓰루마키초 鶴巻町
쓰사키 洲崎
아다치 구 足立区
아라카와 荒川
아오야마미나미마치 青山南町
아오우메 青梅
아자부롯폰기 麻布六本木
아카네야바시 茜屋橋
아카사카아오야마 赤坂青山
야나카기요미즈 谷中清水町

야마구치 山口
야마부키초 山吹町
야치요 八千代
야히로 八広
에도가와 구 江戸川区
에이다이바시 다리 永代橋
오미야 大宮
오사키 大崎
오쓰카 大塚
오야마 小山
오오하라레이엔 大原霊園
오와다 大和田,
오이마치 大井町
오지마 大島
오지마마치 大島町
오케가와 桶川
오쿠보 大久保
오키나와 沖縄
오하시바 大橋場
온센이케 温泉池
와라비 蕨
와세다 早稲田
와카야마 현 和歌山県
요도무라 用土村
요도바시 다리 淀橋
요리이, 요리이마치 寄居町
요쓰기바시 四ッ木橋
요쓰야 四谷
요코아미초 공원 横網町公園
요코짓켄가와 横十間川
요코하마, 요코하마 시 横浜, 横浜市
우라야스 浦安
우시고메바시 牛込橋

우시고메 牛込
우쓰노미야 宇都宮
우에노 上野
우에노 공원 上野公園
유미마치 弓町
유코쿠지 熊谷寺
이바하시 石橋
이쓰카이치카이도 五日市街道
이와부치 岩淵
이케노하타 池之端
이케부쿠로 池袋
이타바시 板橋
장춘시 長春市
조시가야 雑司が谷
조조지산몬 増上寺山門
주오 구 中央区
지바, 지바 현 千葉県
지바가이도 千葉街道
지요다, 지요다 구 千代田区
지토세 千歳
지하야 千早
진보하라무라 神保原村
카야다 萱田
하치오지 八王子
호덴무라 法典村
혼고, 혼고 구 本郷区
혼조 本所
혼조 시 本庄市
홋카이도 北海道
후나바시 船橋
후지오카초 藤岡町
후추 府中
후추마치 府中町